T0355875

J.B.METZLER

Henning Lobin

Digital und vernetzt

Das neue Bild der Sprache

J.B. Metzler Verlag

Zum Autor
Henning Lobin (*1964) ist seit 2018 Direktor des Instituts für
Deutsche Sprache in Mannheim und Professor für Germanis-
tische Linguistik an der dortigen Universität. Zuvor war
er seit 1999 Professor für Angewandte Sprachwissenschaft und
Computerlinguistik an der Justus-Liebig-Universität Gießen.

Bibliografische Information der Deutschen Nationalbibliothek
Die Deutsche Nationalbibliothek verzeichnet diese Publikation
in der Deutschen Nationalbibliografie; detaillierte bibliografische Daten sind im Internet über http://dnb.d-nb.de
abrufbar.

ISBN 978-3-476-04695-6
ISBN 978-3-476-04696-3 (eBook)

J. B. Metzler ist ein Imprint der eingetragenen Gesellschaft
Springer-Verlag GmbH, DE und ist ein Teil von Springer Nature.
www.metzlerverlag.de
info@metzlerverlag.de

Einbandgestaltung: Finken & Bumiller, Stuttgart
Typografie und Satz: Tobias Wantzen, Bremen

J. B. Metzler, Stuttgart
© Springer-Verlag GmbH Deutschland,
ein Teil von Springer Nature, 2018

Inhalt

7

Gewebe – das kommunikative Bild

8

Neue Perspektiven durch neue Methoden

9

Sprachpolitik und der Kampf um das Deutsche

Vorwort

Das vorliegende Buch setzt ein, wo mein letztes Buch *Engelbarts Traum* aus dem Jahr 2014 geendet hat. Thematisierte jenes die Auswirkungen von Digitalität und Vernetzung auf die Kulturtechniken des Lesens und Schreibens, geht es nun um deren Auswirkungen auf die Sprache selbst, genauer: auf das *Bild*, das wir uns von Sprache machen. Dieses Bild entscheidet darüber, wie wir über Sprache denken und reden, wie wir mit ihr umgehen und in welcher Weise wir sie durch Bildungsmaßnahmen, Kulturförderung und sprachpolitische Regelungen zu beeinflussen suchen.

Dass dies ein wichtiges Thema ist, wurde mir bei den Lesungen und Vorträgen rund um *Engelbarts Traum* bewusst. In den sich anschließenden Diskussionen zeigte sich, dass viele Menschen eine Spannung verspüren zwischen der heutigen Sprachverwendung und dem, was als das sprachliche Ideal angesehen wird. Dies hat mit den gewaltigen technologischen Veränderungen zu tun, die sich auch auf die Sprache auswirken. Die Folgen werden uns jedes Mal vor Augen geführt, wenn wir auf unser Smartphone blicken, um bei WhatsApp, Facebook, Twitter oder auf anderen Kommunikationsplattformen Nachrichten abzurufen. Das, was wir dort lesen können, sieht zumeist ganz anders aus, als was wir in Büchern und Zeitungen zu lesen bekommen.

Die Sprachwissenschaft wiederum hat sich in den letzten zwanzig Jahren zu einer Datenwissenschaft gewandelt, in der computerbasierte Untersuchungsverfahren eine außerordentlich wichtige Rolle spielen. Das Bild der Sprache in der Linguistik hat sich dabei weiter von dem entfernt, was in der Öffentlichkeit als »Sprache« verstanden wird. Ziel dieses Buches ist es daher, zwischen diesen Positionen zu vermitteln, indem der Wandel in der Verwendung und der Erforschung von Sprache dargestellt und das sich daraus abzeichnende neue Bild der Sprache skizziert wird.

In den zwei Jahren, in denen dieses Buch mit größeren Unterbrechungen entstanden ist, habe ich Anregungen durch viele Personen erhalten, sei es im Kreis meiner Gießener Kolleginnen und Kollegen, im Fachkollegium »Sprachwissenschaft« der DFG, auf Tagungen und Konferenzen, in den Beiratssitzungen des Instituts für Deutsche Sprache oder bei den bereits erwähnten Diskussionen während der Veranstaltungen für eine breitere Öffentlichkeit. Einzelne Teile des Buchs, vor allem aus den Kapiteln 2 und 3, wurden in dieser Zeit in früheren Fassungen in meinem Blog »Die Engelbart-Galaxis« beim Blogportal *SciLogs* von *Spektrum der Wissenschaft* veröffentlicht. Auch viele der Kommentare, die ich dabei erhalten habe, enthielten Hinweise, die für die weitere Arbeit wichtig geworden sind. Schließlich ist auch dem Verlag zu danken, der sich dieses Themas angenommen und in Person von Ute Hechtfischer wichtige Verbesserungshinweise zum Manuskript gegeben hat.

Vielen ist also zu danken, am meisten aber, erneut, meiner ersten und liebsten Leserin, meiner Frau Antje Lobin, die sich trotz des Aufbaus ihrer eigenen Professur an der Universität Mainz immer wieder viel Zeit genommen hat, um mit mir über einzelne Teile ausführlich zu diskutieren. Ohne sie würde das Buch nicht nur nicht so sein, wie es nun ist, die Arbeit daran hätte auch kaum halb so viel Freude bereitet, wie sich im Gespräch mit ihr und in ihrer liebevollen Komplizenschaft tatsächlich entfalten konnte.

Frankfurt am Main, im Mai 2018

1
Wie sprechen und denken wir über Sprache?

Was ist Sprache? – Alles, was gesprochen oder geschrieben wird. – Aber sind das nicht die Hervorbringungen der Sprache? Was also ist die Sprache selbst? – Die Grammatiken und Wörterbücher, die einzelne Sprachen dokumentieren. – Und Sprache überhaupt, der Begriff »Sprache«? Ist das die Ansammlung aller Grammatiken und Wörterbücher von Sprachen, die es gibt?

Anhand dieses imaginären Dialogs kann man sehen, dass man sehr schnell auf grundlegende Fragen stößt, wenn man nur danach fragt, was denn Sprache eigentlich sei. Sprache ist gleichzeitig konkret und abstrakt – konkret, weil wir alle wissen, wie man Sprache gebraucht, und es auch ständig tun. Abstrakt, weil man nicht ohne weiteres erfassen kann, was Sprache in einem allgemeinen Sinne ist. Könnten wir jemandem, der das Wort »Sprache« nicht kennt, die allgemeine Bedeutung dieses Wortes durch Beispiele vermitteln?

Zur Handhabung dieser Schwierigkeit gibt es in jeder

Kultur eine allgemein anerkannte Auffassung über das, was Sprache ist, ein kulturell akzeptiertes Bild der Sprache. Dieses Bild hat einen großen Einfluss darauf, wie mit Sprache umgegangen wird – in der Schule und anderen Bildungseinrichtungen, bei der sprachlichen Erziehung, in Politik, Sprachkultur und Sprachpflege, in Bezug auf Sprachkritik. Infrastrukturen und Institutionen, die sich mit Sprache befassen, und das ganze Gefüge sprachlicher Norm- und Wertvorstellungen werden nicht durch die linguistischen Eigenschaften der Sprache selbst geprägt, sondern durch das Bild, das man sich in einer Kulturgemeinschaft von der Sprache macht. Dieses Bild der Sprache ist nicht naturgegeben, sondern wurde in kulturellen Vermittlungsprozessen geprägt und hat deshalb eine eigene Geschichte. Ich möchte zu Beginn dieses Buchs deshalb zeigen, wie die abendländische Sprachauffassung, die schon in der Antike im Gefolge der Rhetorikausbildung entstanden ist, bis ins 20. Jahrhundert nachgewirkt hat und noch bis heute mit ihren antiken und mittelalterlichen Vorstellungen unser Denken, Sprechen und Streiten über Sprache prägt.

Seit einigen Jahren allerdings zeichnet sich ein alternatives, neues Bild der Sprache ab.[1] In vielem steht dieses Bild im Widerspruch zu dem bislang vorherrschenden Bild, das im Zuge längst vergangener kultureller und medialer Gegebenheiten entstanden war. Die Entstehung eines neuen Bildes der Sprache wurde möglich, weil neben dem Menschen ein zweiter der Sprache mächtiger Akteur auf der Bildfläche erschienen ist, der diese Traditionslinien durchbricht: der Computer.² Mit dem Computer, genauer: durch Digitalisierung und Vernetzung, wird Sprache anders dokumentierbar und erforschbar, sie wird in anderer Art zu sprachlichen Äußerungen verdichtet, und mittels Computern wird auf andere Weise im Internet sprachlich kommuniziert. All das lässt ein neues Bild der Sprache erkennen, das in diesem Buch anhand der Begriffe Sammlung, Fläche, Raum und Gewebe näher beschrieben wird.

Inwieweit das Bild der Sprache einen Einfluss auf unsere Wahrnehmung der Wirklichkeit hat, möchte ich an drei Beispielen näher erläutern.

Das Bild der Sprache prägt nicht nur die in einer Kulturgemeinschaft anerkannten Normen und Werte, es dominiert zugleich die öffentliche Diskussion darüber. Ein Bild der Sprache, dessen zentrales Merkmal etwa in der regelhaften Ordnung eines von Menschen geschaffenen Kulturgutes liegt, führt zu anderen Meinungen, Bewertungen und Argumenten bezüglich alltagssprachlicher Erscheinungen, als es mit einem durch Varianz und Pluralität geprägten Bild der Fall wäre. Und da die Diskussion sprachbezogener Themen oft als eine Diskussion zu Fragen der Sprachkultur und somit *pars pro toto* als Diskussion zur Kultur überhaupt verstanden wird, sind mit dem Bild der Sprache mittelbar auch Fragen der kulturellen Identität berührt. Solche Diskussionen werden dann in identitätspolitischen Auseinandersetzungen am Beispiel der Sprache geführt und erlauben den Übergang der im

Bild der Sprache kodierten Auffassungen in einen allgemeinpolitischen Bereich. Der für das Deutsche in jeder Epoche erneut aufkommende Sprachpurismus kann für diesen Zusammenhang exemplarisch genannt werden.

Das zweite Beispiel betrifft die Verwendungsweise von Sprache als Metapher für andere Kommunikationsbereiche. Sieht man sich die häufigsten Rechtserweiterungen des Wortes »Sprache« an, wie sie aus der Analyse umfangreicher Textsammlungen hervorgehen, so finden sich allein unter den zehn ersten Nennungen Wortgruppen wie »Sprache der Liebe«, »Sprache des Körpers«, »Sprache der Gewalt« oder »Sprache des Herzens«.[3] Sprache ist das einzige Zeichensystem, das wir alle besitzen und von innen heraus verstehen. Das grundlegende Verständnis dieses Zeichensystems können wir somit auf andere nicht-sprachliche Bereiche übertragen, in denen ebenfalls eine komplexe Art der Kommunikation praktiziert wird. Das kulturell akzeptierte Bild der Sprache wird dabei in diese Bereiche übernommen und vermag auch dort Auffassungen und Argumentationen zu beeinflussen.

Ein drittes Beispiel: Ein Wandel unseres Bildes von Sprache ist auch durch die Sprachtechnologie bedingt: Stand es in der Philosophie seit mehr als zweitausend Jahren unverrückbar fest, dass allein der Mensch in der Lage sei, Sprache als ein komplex gegliedertes Zeichensystem sinnvoll zu verwenden, so wird dieses Selbstverständnis durch Sprachautomaten in Frage gestellt. Seit mehr als einem halben Jahrhundert gibt es Versuche, Computern die Fähigkeit zu Sprachverstehen und Sprachproduktion, flüssigem Sprechen und sinnvoller Gesprächsführung zu implementieren. Aber erst vor kurzem haben diese Technologien in Gestalt von »Siri«, »Cortana«, »Google Home« und »Alexa« ihren Weg in den Alltagsgebrauch gefunden. Indem wir mit einer Maschine Gespräche führen, gewöhnen wir uns daran, Sprache auch als eine Schnittstelle zur Informationstechnologie zu sehen und Eigenschaften, die wir mit dem Cyberspace verbinden, auch diesem urmenschlichen Medium zuzuschreiben.

Das neue Bild der Sprache wird gefördert durch den veränderten Blickwinkel, den die Sprachwissenschaft auf ihren Gegenstand gerade eingenommen hat. Der Digitalisierung der Sprachverwendung entspricht eine Digitalisierung ihrer Erforschung. Wie auch in anderen geisteswissenschaftlichen Disziplinen werden in der Linguistik computer- und netzbasierte Methoden eingesetzt, durch die andere Eigenschaften der Sprache in den Vordergrund treten, als es in der bisherigen Forschung der Fall gewesen ist. Dieses Buch handelt deshalb nicht nur vom neuen Bild der Sprache, sondern auch davon, wie dieses neue Bild durch die Sprachwissenschaft geprägt wird. Dies geschieht anhand der schon genannten Begriffe: die Sammlung, die insbesondere als linguistisches Textkorpus die quantitative Auswertung von Sprache erlaubt; die Fläche und der Raum sprachlicher Kommunikation, deren Analyse durch visuelle Verarbeitungsmethoden erschlossen wird; und das Gewebe, das zwischen den Einheiten der Sprache wie auch zwischen ihren menschlichen Nutzern geknüpft ist und dessen Auswertung die kommunikative Seite der Sprachverwendung in nie gekannter Genauigkeit zu erfassen vermag. Die Darstellung dieses quantitativen, physischen und kommunikativen Bildes der Sprachwissenschaft in den Hauptkapiteln dieses Buchs vermittelt drei Facetten, deren Überlagerung zu einem Gesamtbild führt. Dies wird in den beiden abschließenden Kapiteln im Allgemeinen und bezüglich sprachpolitischer Implikationen für den besonderen Fall des Deutschen skizziert.

2
Ein erstes Bild der Sprache entsteht

Nachdem sich die Bewohner von Athen im 5. Jahrhundert
vor Christus von ihren diktatorisch regierenden Despoten
befreit hatten, war eine historisch völlig neue Situation
entstanden. Die Regierungsmacht wurde einer Ratsversammlung zugesprochen, die sich aus 500 per Los ausge-
wählten Mitgliedern der Volksversammlung zusammen-
setzte.[4] Der Vorsitz der Ratsversammlung, der oberste Re-
präsentant des Staates Athen, wechselte täglich. Ähnlich
radikaldemokratisch war auch die Gerichtsbarkeit orga-
nisiert. Jeder Bürger konnte als Ankläger auftreten und
einen privaten Streit vor ein Volksgericht bringen. Ein solches Volksgericht bestand aus mindestens 201 Richtern,
die wiederum für jeden Prozess aufs Neue aus einem Pool
von 6000 Richtern ausgelost wurden. Jeder Richter war
völlig frei in seinem Urteil und musste dies auch nicht be-
gründen.

Der Prozess bestand abwechselnd aus jeweils zwei Re-
debeiträgen von Kläger und Beklagtem, in denen auch
das Strafmaß beantragt wurde, vom Kläger – und vom Be-

klagten. Falls der Kläger nämlich seinen Fall nicht gewinnen konnte, musste er selbst eine Bestrafung hinnehmen. Dies war ein Mechanismus, um den Missbrauch der Klagemöglichkeit zu verhindern. Zeugen wurden im Verfahren nicht gehört. Auch Fälle von allgemeiner staatlicher Bedeutung wurden nach diesem Muster behandelt, dann stieg die Größe des Richterkollegiums sogar auf mindestens 501 Mitglieder. Das Urteil wurde am Ende des Prozesses ohne Aussprache der Richter durch eine geheime Abstimmung über die Frage gefällt, ob die Klage berechtigt war oder nicht. Beim Strafmaß konnte es dann um alles gehen, um hohe Strafzahlungen, den kompletten Verlust des Besitzes, Verbannung, Tod.

Wenn man im antiken Athen einen derartigen Prozess zu führen hatte, durfte man keinen Rechtsanwalt für sich sprechen lassen. Jeder Beteiligte musste seine Sicht auf den Fall vor dieser riesigen Richterversammlung selbst vortragen.[5] Erschwerend kam dabei hinzu, dass fast alle diese Richter, so wie die Vertreter der Prozessparteien, juristische Laien waren, die sich zwar an die bestehenden Gesetze zu halten hatten, diese aber oft gar nicht so genau kannten. Vielleicht waren unter den Richtern Leute, die einem aus persönlichen Gründen nicht wohlgesonnen waren, vielleicht waren einige auch einfach voreingenommen oder ein bisschen dumm.

In dieser Situation kommt alles darauf an, dass man eine Klage- oder Verteidigungsrede hält, die in jeder Hinsicht so überzeugend ist wie möglich. Man muss den Richtern eine logisch schlüssige Argumentation zu seinen

Gunsten vermitteln. Sich selbst muss man in ein möglichst gutes, den Gegner in ein möglichst schlechtes Licht setzen. Man sollte alles so darstellen, dass man den gesunden Menschenverstand und das moralische Grundempfinden auf seiner Seite hat, und man sollte der Mehrheit der Richter klar machen, dass ein Urteil gegen die eigenen Interessen zugleich ein Urteil gegen die Grundsätze der Gerechtigkeit überhaupt wäre.

Wie könnte man das erreichen? Wir würden uns Hilfe holen, beraten lassen und uns erfolgreiche Gerichtsreden ansehen. Wir würden uns zusammen mit erfahrenen Beratern überlegen, wie die eigene Rede argumentativ überzeugend sein kann, welche Emotionen man wecken sollte und wie man das alles in geeignete Formulierungen gießen kann. Wir würden den Vortrag unserer Rede genauestens einüben und ihre Wirkung testen.

Und genau dies war es, was im antiken Athen zur Entstehung der Rhetorik führte.[6]

Klassische Rhetorik:
erst Praxis, dann Theorie und Bildungsideal

Die antike Rhetorik entstand aus der Praxis, entwickelte aber auch bald ein theoretisches Fundament. Die ersten bekannten Rhetorik-Lehrer waren zwei Männer aus den griechischen Kolonien auf Sizilien, Korax und Teisias.[7] In Syrakus hatte es eine ähnliche politische Entwicklung hin zur Demokratie gegeben wie in Athen. Es war dort ein neuer Beruf entstanden, der auch in Athen gebraucht wurde: der Redenschreiber[8]. Die Rede musste von den an einem Gerichtsverfahren Beteiligten zwar selbst gehalten werden, aber sie konnten sich diese von jemand anderem schreiben lassen. So verdienten sich die ersten bekannten Rhetoren wie etwa Lysias und Isokrates im 5. und 4. Jahrhundert vor Christus ihren Lebensunterhalt als Redenschreiber. Die Praxiserfahrung führte zu ersten systematisierenden Einteilungen der Rede und besonders guten Beispielreden, die für die Vermittlung rhetorischer Fertigkeiten verwendet wurden.

Besonders bekannt wurde zu dieser Zeit Gorgias – ebenfalls ein Sizilianer, den auch Platon mit einem Dialog gleichen Namens, wenn auch mit einem sehr kritischen Blick, verewigte. Zwei seiner Musterreden sind erhalten. Darin zeigt er virtuos, wie rhetorische Techniken genutzt werden können, um aus einer schwierigen Ausgangslage in der Gerichtsverhandlung einen Erfolg zu erzielen. Dabei setzt er nicht nur auf eine schlüssige Argumentation, sondern auch auf wirkungsvolle Formulierungen wie etwa scharfe Gegensatzpaare und emotionale Elemente, zum Beispiel Lob und Mitleid. Für seine rhetorische Virtuosität, der es angeblich nicht um die Wahrheit ging, sondern die die Vernunft in den Dienst jeder noch so absurden Behauptung stellt, wurde er seit Platon bis in die Neuzeit oft kritisiert, ja verurteilt.

Platons Bild von Gorgias kann mit der historischen Person natürlich nicht einfach zur Deckung gebracht werden. Der historische Gorgias ist nur in Bruchstücken aus seinen wenigen überlieferten Reden bekannt. Vielmehr zeigt sich bei Platon bereits die philosophische Überformung der ursprünglich ganz praktisch begonnenen Unternehmung der Rhetorik. Für Platon lässt sich die formalsprachliche Seite der Rede nicht von ihrer inhaltlichen Seite trennen, so dass die Anwendung rein rhetorischer Überzeugungsmittel von vornherein ausgeschlossen werden muss.[9] Stattdessen ordnet er die Rhetorik dem Bereich der philosophischen Methodik unter und betrachtet sie vorrangig dahingehend, wie sie zur Wahrheitsfindung beitragen kann.[10]

Diese philosophische Umorientierung der Rhetorik bildete auch den Ursprung der Idee einer »Erziehung zum Redner«[11], wie sie zuerst durch Isokrates propagiert wurde. Rhetorische Fertigkeiten gehen danach aus der ethischen Vervollkommnung der Persönlichkeit hervor, und eine Rede ist erst dann besonders überzeugend, wenn der Redner seine Auffassungen nicht nur vorspielt, sondern sie auch tatsächlich verkörpert. Eine so verstandene Rhetorik ermöglicht es ihm, seine Aufgaben im Staat redlich auszuüben und so seine menschliche Erfüllung zu finden. Diese Rhetorik-Konzeption wurde später vom berühmten römischen Politiker, Redner und Philosophen Cicero weiterentwickelt.[12] Cicero entwirft das Ideal eines »perfekten Redners«, der über ein umfassendes Wissen in einer Vielzahl von Disziplinen verfügt. Das Bild des »perfekten Redners« bildete das Fundament einer Bildungsvorstellung, die nicht nur in der Antike wirksam wurde[13], sondern über das Mittelalter hinaus bis weit in die Neuzeit bestimmend war.

Die philosophische Überhöhung der Rede, so wichtig sie auch für die Entstehung einer systematischen Konzeption von Bildung war, besaß allerdings auch einen Nachteil: Sie kappte die Verbindung zur rhetorischen Wirklichkeit, genauer zur erfahrungsgeleiteten Entwicklung rhetorischer Techniken. Die Rhetorik war zwar nie eine echte Wissenschaft, jedoch besaß sie in der Antike eine Art »experimentelle Basis«. Gute Reden waren solche, die in der Gerichtsverhandlung oder in der Volksversammlung die gewünschte Wirkung erzielten. Die praktische Seite der Rhetorik existierte zwar fort, solange die Rede in der Antike eine so wichtige Rolle in öffentlichen Angelegenheiten spielte. Aber seit Platon gehörte es zum guten Ton für Rhetoriker, eine allein am »messbaren« Erfolg orientierte Rhetorik mit philosophischen Argumenten abzulehnen.

Im Kielwasser der Rhetorik: Grammatik und Dialektik

Im Kielwasser des antiken Bildungsflagschiffs Rhetorik segelten zwei kleinere Boote als unterstützende Versorgungseinheiten. Die Dialektik und die Grammatik hatten diese Position nach und nach erobert, und zumindest für die Dialektik hatte dabei Aristoteles eine besondere Rolle gespielt. Der bedeutendste antike Philosoph vertrat eine nicht ganz so »idealistische« Auffassung von der Rhetorik, sondern sah sie als die Lehre des Wahrscheinlichen und der Meinungsbildung an.[14] Die Methoden zum Auffinden der Wahrheit hingegen, insbesondere zur korrekten Ziehung von Schlussfolgerungen, hält nach Aristoteles die Dialektik bereit. »Der ideale Redner des Aristoteles ist ein Dialektiker, der weiß, wie ein logischer Schluss zu ziehen ist«[15], fassen Ueding und Steinbrink diese Position zusammen. Darin spiegelt sich der Erfahrungshorizont der griechischen Demokratie wider: Erkenntnisse vermitteln sich nicht einfach von selbst, weil sie wahr sind und deshalb automatisch verstanden und akzeptiert werden. Vielmehr bedürfen sie einer rhetorisch geschickten Vermittlung, um ihre Wahrheit auch als wahrscheinlich erscheinen zu lassen.

Der Begriff »Dialektik« war schon zuvor von Platon verwendet worden. Zunächst bezeichnet dieser damit nur die argumentative Dynamik eines Gesprächs mit ihrer Einsichten und Erkenntnisse zutage fördernden Funktion. Diese demonstriert er eindrucksvoll in seinen Schriften, die ja alle in der Form von Gesprächen eines literarischen Sokrates' mit verschiedenen Partnern gestaltet sind.[16] Später verwendete er den Begriff abstrakter für grundlegende Argumentationstypen, die dabei beobachtet werden können (die sogenannten Syllogismen), und versuchte, diese zu systematisieren. Für Aristoteles war die Dialektik längst die Wissenschaft vom korrekten, Trug- und Fehlschlüsse vermeidenden Denken geworden. Als solche spielte sie noch in der Antike, später im Mittelalter eine überaus wichtige Rolle, um in der Neuzeit unter der Bezeichnung »Logik« die Grundlage für Philosophie, Mathematik und Informatik zu bilden. Den Zweck, Argumentationsmuster in Gesprächen, Reden oder Texten aufdecken und lehren zu wollen, hatte sie da längst verloren.

Die zweite »Unterstützungseinheit« der Rhetorik war die Grammatik.[17] Zwar hatte sich auch Aristoteles wie zuvor schon andere griechische Philosophen Gedanken über eine Einteilung der Wörter in Klassen gemacht, über den Satz oder das Verhältnis von Schrift und Sprechen. Sie hatten also über die Verwendung der Sprache nachgedacht, über die Sprache selbst aber nicht.[18] Das änderte sich auch nicht aufgrund des praktischen Erfordernisses der Rhetorik, eine Rede sprachlich fehlerfrei halten zu können. Die antike Grammatik hatte also den Zweck, dem Redner die Verwendung des *richtigen* Griechisch oder Latein zu ermöglichen.[19] Diese Aufgabe der Grammatik, bezogen auf die lateinische Sprache »Latinitas« genannt, wurde bei dem großen Systematiker der Rhetorik, dem Römer Quintilian, gleich komplett in das rhetorische System integriert. Das System Quintilians mit seinen Hunderten von Begriffen und der hochkomplex konstruierten Architektur ihres Zusammenhangs bildet über das Mittelalter bis in die Neuzeit hinein den Referenzpunkt dessen, was man als »klassische Rhetorik« bezeichnet.

Quintilian stand bezüglich der Grammatikschreibung in einer langen Tradition, die mit Dionysios Thrax bereits zwei Jahrhunderte zuvor in Griechenland einen ersten Höhepunkt erreicht hatte, in Rom vor Christi Geburt durch Varro aufgegriffen worden war und in Gestalt des monumentalen grammatischen Werks von Priscian um 500 nach Christus ihren Weg ins Mittelalter finden sollte.[20] All dieses grammatische Wissen, das schon in der Antike angesammelt worden war, hatte einen weiteren Zweck: den des Fremdsprachenlehrens und -lernens. Priscians Grammatik etwa vermittelte den Eliten im griechischsprachigen Konstantinopel, der Hautstadt des oströmischen Reichs, nach dem Untergang des weströmischen Landesteils das Lateinische, weil nun Ostrom allein das gesamte Römische Reich auch sprachlich zu vertreten hatte.[21]

Der »normativ« genannte Grammatikunterricht fußte auf Regeln, die beim Reden und Schreiben einzuhalten waren.[22] Normativ war dieser Unterricht aber auch durch die Orientierung an großen literarischen Vorbildern. Mit den Regeln wurde also nicht nur die sprachliche Produktion in ein normatives Korsett gezwängt, auch bei der Rezeption gab es in Gestalt eines solchen Literaturkanons eine normative Vorgabe. Durch diese im Lauf der Antike und dann stärker noch im Mittelalter immer größere Orientierung an überlieferten Texten verwandelte sich die Rhetorik, und mit ihr auch Grammatik und Dialektik, in eine schriftsprachliche, ja theoretische Disziplin. Da, wo das öffentliche Reden tatsächlich noch eine Rolle spielte, wurden Redetexte vorgetragen, die nach allen Regeln der rhetorischen Kunst in schriftsprachlichem Stil verfasst waren und danach auswendig gelernt wurden.[23]

Grammatik wird im Mittelalter zum Fundament der Gelehrtheit

Im Mittelalter wurden Rhetorik, Grammatik und Dialektik als Teil der »Sieben Freien Künste« zum »Trivium« zusammengefasst. Der Begriff bezeichnet eigentlich nur eine Weggabelung, steht aber für die drei sprachlichen »Wege zur Weisheit«.[24] Hinzu kamen als »Quadrivium« die Arithmetik und die Geometrie mit ihren jeweiligen »Anwendungsdisziplinen« Musik und Astronomie. Es ist ja eigentlich erstaunlich, dass dieses antike Wissenschaftssystem im christlichen Mittelalter aufrechterhalten, ja sogar dort erst systematisiert worden ist. Einen wichtigen Einfluss, zumindest auf die Etablierung des Triviums, hatte dabei der spätantike Kirchenvater Augustinus, der vor seiner Bekehrung zum Christentum zunächst als erfolgreicher Redner Karriere gemacht hatte. Ihm gelang es, die klassische Rhetorik und mit ihr die Grammatik und die Dialektik als Werkzeuge der christlichen Heilsbotschaft umzudeuten und in dieser Lesart nachfolgenden Epochen zu vermitteln.[25]

In den ab dem frühen 13. Jahrhundert entstandenen Universitäten bildete das Trivium die propädeutische Grundlage des Studiums. Jeder Student, der später in einer der drei höheren Fakultäten des Rechts, der Medizin und, als Krone der Wissenschaft, der Theologie aufgenommen werden wollte, musste zunächst die philosophische Fakultät mit ihren Sieben Freien Künsten durchlaufen. Dadurch konnten sich die Rhetorik und die beiden aus ihr hervorgegangenen »Hilfswissenschaften« als Kristallisationspunkte der späteren Geisteswissenschaften an den mittelalterlichen Universitäten etablieren. Allerdings verschoben sich die Gewichtungen untereinander – in Oxford und Paris etwa sank die Rhetorik zu einem Anhängsel der Grammatik herab, die wiederum stark von der Logik, wie die Dialektik mittlerweile genannt wurde, geprägt war.[26] Durch diese propädeutische Funktion für die verschiedenen weiterführenden Disziplinen erhielten die drei Wissenschaften des Triviums einen stark instrumentellen Charakter. Ohne dass sich dies in der Bezeichnung niederschlug, wurden nach und nach auch weitere Disziplinen den Sieben Freien Künsten zugeordnet, da diese in ihrer Urform der Entwicklung der Wissenschaften und den Wiederentdeckungen in der Zeit der Renaissance nicht mehr entsprachen. Beispiele dafür etwa bilden die Naturphilosophie, eine Vorstufe unserer Naturwissenschaften, Ethik und Metaphysik oder auch die Poetik und Frühformen der Philologien.

Die Funktion der Rhetorik verlagerte sich also in den theologischen Bereich, weil die Auslegung der Heiligen Schrift das Praktizieren dieser »heidnischen« Wissenschaft legitimierte.[27] Schon in der Antike orientierte sich die Rhetorik-Ausbildung ja an den Reden berühmter Vorbilder, und diese Tendenz zur Schriftlichkeit wurde im Mittelalter auch dadurch verstärkt, dass die ursprüngliche Funktion der Rede im öffentlichen Zusammenhang weitgehend entfiel. Viele Teilbereiche der Rhetorik wurden zudem in andere Disziplinen des Triviums überführt, etwa die Lehre von den rhetorischen Figuren und des Stils in die Grammatik und die Vermittlung konkreter Argumentationsmuster, die sogenannte Topik, in die Logik. Mit der Ausrichtung auf die Dichtung entstand in der Poetik eine »Rhetorik« in neuer Gestalt, und auch die Predigtlehre griff Elemente der klassischen Rhetorik für diese »sakrale« Form der Rede auf.[28] Als *ars dictaminis* wirkte sich die Rhetorik sogar auf Recht und Verwaltung aus: Sie lehrte, wie Briefe funktionsgerecht und wirkungsvoll zu verfassen sind.[29] Auch wenn es mit der Vorlesung und der Disputation an den mittelalterlichen Universitäten weiterhin die praktische Seite der Rede gab[30], so entwickelte sich die Rhetorik in dieser Zeit doch zu einer schriftsprachlichen Interpretations- und Auslegungstechnik geistlicher Schriften. Aus der ursprünglich vor Gericht und auf dem Marktplatz entstandenen Erfahrungswissenschaft war eine Philologie geworden.

Die Grammatik wurde im Mittelalter zum Fundament der gesamten akademischen Ausbildung.[31] In ganz Europa war die Sprache der Universitäten Latein, und die antiken Grammatiken besaßen deshalb auch im Mittelalter eine fremdsprachendidaktische Funktion. Mit ihrer Ausrichtung auf die Werke antiker Literatur vermittelte sie zugleich Vorbilder für die Produktion lateinischer Texte in stilistischer Hinsicht. Damit wirkte sie auch in diesem Bereich weiterhin normativ.

Durch die Ausrichtung auf die Heilige Schrift und andere geistliche Texte kam aber auch die Frage auf, in welchem Verhältnis der sprachliche Ausdruck zum theologischen Inhalt steht. Einen Anknüpfungspunkt dafür bot die antike Referenzgrammatik Priscians, die die grammatischen Kategorien semantisch begründete. Auf dieser Basis entwickelten sich im Hochmittelalter vielfältige sprachphilosophische Überlegungen und erste Grammatiken, die nicht vorrangig didaktische Zielsetzungen verfolgten. Bei den »Modisten« etwa zeigen sich Ansätze einer allgemeinen Grammatik[32], was mit Thomas von Erfurts *Spekulativer Grammatik* einen Höhepunkt erlebte. Die normativ-didaktischen Regeln früherer Grammatiken werden darin zu einer Sprachtheorie weiterentwickelt, mit der vor allem das Verhältnis von Sprache, Denken und Wirklichkeit erklärt werden soll. Dieser neuartige Blick auf Sprache löste die Grammatik von ihrer propädeutischen Funktion für die Rhetorik und ließ sie enger mit der Logik in Verbindung treten.[33]

Die Logik konnte von dem Stillstand der Rhetoriktheorie im Mittelalter in besonderem Maße profitieren. Dies lag zum einen daran, dass einige der logischen Werke von Aristoteles erst in dieser Zeit wiederentdeckt wurden.[34] Vor allem aber befasste sich die Logik wie auch die Grammatik mit grundlegenden Fragen, die sich durch die theologische Neuausrichtung der Wissenschaften im christlichen Abendland zu stellen begannen. Zentral wurden dabei die sogenannten Gottesbeweise, mit denen die Existenz Gottes als logisch zwingend gezeigt werden sollte.[35] Solche Gottesbeweise bedurften einer stabilen methodischen Basis, weshalb die Logik die Rhetorik als Leitwissenschaft im Trivium ablösen konnte. Der Aufstieg der

Logik im mittelalterlichen Wissenschaftssystem hatte allerdings den Preis, dass diese sich noch weiter von ihrer empirischen Basis, die ursprünglich in den Argumentationszusammenhängen des Gesprächs gelegen hatte, entfernen musste. Sie wurde zu einer abstrakten, idealisierten »Sprache des Denkens«.

Gilt das antike Bild der Sprache noch heute?

Treten wir einen Schritt zurück und versuchen wir das Bild zu erkennen, das in der hier dargestellten kulturgeschichtlichen Traditionslinie von der Sprache gezeichnet wird. Sprache wird darin zunächst als gesprochene Sprache, als Rede, erfasst, die im Prozess der Erarbeitung und Vermittlung in schriftlicher Form fixiert wird. In der schriftlichen Fixierung besteht der Text gewissermaßen aus reiner Sprachlichkeit, weil die visuellen Merkmale des Textes für die Eigenschaften der Rede keine Bedeutung haben. Die durch die Rhetorik angeregte Betrachtung der Sprache verzichtet also von vornherein darauf, das Zusammenspiel sprachlicher Einheiten mit Zeichen anderer Art zu berücksichtigen. Diese Verabsolutierung des Sprachlichen blieb selbst dann erhalten, als sich die Rhetorik längst von der gesprochenen Sprache gelöst hatte und sie zu einer Art Philologie geworden war. Es ist also weniger der ursprüngliche Impuls der Mündlichkeit ausschlaggebend für diese Auffassung von Sprache, als vielmehr die durch diesen Impuls fehlende Berücksichtigung des Visuellen, was auch beim Wechsel in die Schriftlichkeit erhalten blieb.

Die Betrachtung reiner Sprachlichkeit wurde auch von der Grammatik aufgenommen, die selbst dann, wenn sie sich mit der normativen Bewertung von schriftsprachlichen Texten befasst, die visuelle Seite der Sprache – die Schrift, Textgliederung und -gestaltung, die gerade in mittelalterlichen Texten vielfältigen Text-Bild-Beziehungen – unberücksichtigt lässt. Die Entwicklung der Rhetorik aus der Funktion des öffentlichen Sprachgebrauchs hätte einen völlig anderen Weg genommen, wenn sie sich auf schriftliche Texte bezogen hätte. In einer hypothetischen antiken Gesellschaft, in der politische Auseinandersetzungen und Gerichtsverfahren auf schriftlichem Wege durchgeführt werden, hätte sich eine Rhetorik des Textes entwickeln können, in der die visuelle Umsetzung der Inhalte ein ebenso wichtiges Überzeugungsmittel geworden wäre wie die rhetorischen Überzeugungsmittel für die Rede.

Über einen längeren Zeitraum betrieben, hätte eine solche Rhetorik des Textes ein komplexes System der sprachlich-textuellen Gestaltung geschriebener Texte hervorgebracht, zu der als Erfahrungswissen auch Regeln für die überzeugende und zielgruppengerechte visuelle Gestaltung von Texten gehört hätten. Eine sich daran anschließende normative Grammatik der Schriftsprache hätte von vornherein wohl die Orthografie als ein Teilgebiet umfasst. Auch die Beschreibung der besonderen Eigenschaften schriftsprachlicher Texte, die sich aus ihrer Visualität und dem Lesen als der Technik ihrer Aneignung ergeben, wäre sicherlich von einer solchen Grammatik berücksichtigt worden.

Ein weiterer Aspekt des in der antiken Tradition entstandenen Bildes der Sprache zeigt sich in der Grammatik. Wir haben gesehen, dass sie durch ihre didaktische, auf sprachliche Richtigkeit ausgerichtete Funktion vorrangig normativ verstanden wurde. Die Normativität der Grammatikvermittlung war in Gestalt von Regeln ausgeprägt, deren Befolgung zu einem richtigen sprachlichen Ausdruck führte, die Nicht-Befolgung hingegen zu einem Fehler. Dass die grammatische Wirklichkeit sich nicht in dieses simple Schema pressen lässt, ahnten schon die antiken Grammatiker, wenn den berühmten Dichtern oder Rednern Regelverstöße erlaubt waren, die dem Schüler untersagt wurden.[36] Der Grund dafür ist darin zu sehen, dass es in einer Sprache keine absolut und ausnahmslos gültigen Regeln gibt, stattdessen von mehr oder weniger großen Wahrscheinlichkeiten bestimmter Merkmalskombinationen auszugehen ist.

Die Regelorientierung der Grammatik war allerdings nicht allein durch ihre normative Ausrichtung bedingt, es gab auch eine methodische Ursache dafür. Die Rhetorik und in ihrer Folge die Grammatik waren Erfahrungswissenschaften, die keine empirische Basis im modernen Sinne besaßen. Während die Rhetorik auf eine Art Wirkungsempirie der Rede in öffentlichen Kommunikationssituationen zurückgreifen konnte, bestand die Empirie der Grammatik aus der Intuition der Grammatiker und den Beobachtungen, die in den Texten des Literaturkanons gemacht werden konnten. Heute beginnen wir zu begreifen, in welchem Maße man den wissenschaftlichen Erkenntnisprozess kognitiven Verzerrungen überlässt, wenn man nicht auf ausgewogen zusammengestellte Textsammlungen, Korpora, zurückgreift. Zwar hätte man schon in der Antike oder im Mittelalter sehen können, dass ein Autor eine sprachliche Funktion durch ein ganzes Spektrum von Formulierungen ausprägt. Statt eines solchen empirischen Wissenschaftsverständnisses war insbesondere im Mittelalter jedoch die nicht in Zweifel zu ziehende Orientierung an anerkannten Autoritäten maßgeblich. Dies förderte auch die apodiktische Regelorientierung in der Grammatikschreibung.

Der Begriff der Regel geht zurück auf das lateinische Wort *regula,* das die Bedeutung »Richtschnur« oder »Maßstab« hat – ursprünglich in einem ganz konkreten Sinne, später auch übertragen. Im Mittelalter verbreitete sich dieser Begriff insbesondere in der Bezeichnung der *Regula Benedicti,* eine Anleitung und Sammlung von Vorschriften für das klösterliche Leben der Mönche, wie sie der Heilige Benedikt festgelegt hatte. Selbst wenn das Wort »Regel« in einer nicht normativen, sondern deskriptiven Weise verwendet wird, schwingt der historisch angelegte normative Klang des Wortes weiterhin mit. Und wie die Regel der Benediktiner eine Richtschnur war für das Leben eines Mönchs, die im Alltag sicherlich oft durchbrochen wurde, so stellt auch eine grammatische Regel, ob normativ oder als Beschreibung, eher ein Ideal dar als ein Abbild der sprachlichen Realität.

Die reine Sprachlichkeit und die Regelorientierung sind zwei Ausprägungen einer Tendenz zu Abstraktion und Idealisierung, die auch in der Entwicklung der Logik erkennbar ist. Entstanden aus der Klassifikation von Argumentationsmustern im Gespräch, löste sie sich von diesem kommunikativen Verwendungszusammenhang, um nach der Auffassung antiker und mittelalterlicher Philosophen die Gesetze des Denkens selbst zu beschreiben. Im Zuge dessen wurde die Verbindung zu einer empirischen Basis gekappt, und die Logik wandelte sich zu einer vollständig theoretischen Disziplin. Damit entfiel aber auch die Berücksichtigung solcher Faktoren menschlicher Kommunikation, die sich eben nicht in das System der reinen, logischen Rationalität einordnen lassen. Für die Entwicklung der Grundlagen von Mathematik und Naturwissenschaften ist das ein Fortschritt, für das Verständnis des Gesprächsverhaltens von Menschen hingegen ein Problem. Menschen führen Gespräche auch aufgrund von emotionalen Impulsen und nach Interaktionsmustern jenseits rationaler Planung. Mit der Abstraktion des kommunikativen Verhaltens von Menschen in einer formalen Logik war eine Weichenstellung verbunden, die die Sprache und deren Betrachtung zu einer Ausprägung rationalistischen Denkens hat werden lassen, wodurch die zutiefst menschlichen, irrationalen Bereiche der Sprachverwendung für lange Zeit ins Hintertreffen gerieten.

Reine Sprachlichkeit, Regelorientierung und rationalistische Idealisierung bilden das Erbe einer Entwicklung, die mit den kommunikativen Bedürfnissen in den griechischen Stadtstaaten und dem Aufkommen der Rhetorik ihren Anfang genommen hatte. Das Bild der Sprache wird dadurch seit zweitausend Jahren bestimmt. Es ist aber nicht das einzige Bild, das von der Sprache gezeichnet werden kann. Bevor wir uns ansehen, wie ein solches alternatives Bild aussieht, verfolgen wir die Entwicklung bis in die Gegenwart – Fortführungen der Impulse aus Antike und Mittelalter, aber auch Versuche der Abkehr davon, wie es sie immer wieder gegeben hat.

3
Das radikale 20. Jahrhundert

Das in Antike und Mittelalter gezeichnete Bild der Sprache wurde in der Neuzeit um viele neue Details ergänzt.[37] Bereits im Zeitalter der Renaissance wendeten sich Gelehrte bislang unbeachteten Sprachen zu. Dabei bemerkten sie, dass die in diesen zu findenden Strukturen einem Grammatikverständnis, das auf dem Griechischen und dem Latein fußte, in vielem widersprachen. Für das Hebräische und das Arabische entstanden erste Grammatiken, aber auch in Europa gesprochene Sprachen wie das Italienische, das Französische, das Spanische oder das Deutsche wurden erstmals grammatisch beschrieben, nachdem diese »Volkssprachen« lange Zeit nur als degenerierte, wertlose Mundarten angesehen worden waren. Der große französische Grammatiker Pierre Ramée wandte sich in der zweiten Hälfte des 16. Jahrhunderts dabei erstmalig gegen antike Autoritäten wie Aristoteles und entwickelte eigenständig für das Französische angemessene Kategorien der grammatischen Beschreibung.

Auch die Kenntnis asiatischer Sprachen drang ab dem

Ende des 16. Jahrhunderts nach Europa vor – und fügte dem Bild der Sprache einige wichtige neue Facetten hinzu. Beim Sanskrit etwa, der Sprache der altindischen Veden, wurden Parallelen zum Lateinischen, Griechischen und den neuzeitlichen europäischen Sprachen erkannt, die ab dem frühen 19. Jahrhundert zur Aufdeckung der indogermanischen Sprachfamilie führten.

Das Chinesische wurde in diesem Zeitraum ebenfalls immer besser verstanden und damit zugleich die uneingeschränkte Geltung vieler bislang als universal betrachteter Merkmale der europäischen Sprachen in Frage gestellt. Die Töne im Chinesischen etwa, mithilfe derer Bedeutungsunterschiede nur durch Tonhöhendifferenzen zum Ausdruck gebracht werden, oder die völlige Abwesenheit von Flexionsendungen und Wortableitungen boten Anlass dazu. Damit kam zugleich die Frage auf, welche Eigenschaften von Sprache es denn eigentlich sind, die jenseits aller Einzelsprachen universelle Gültigkeit besitzen – die Frage nach den Sprachuniversalien, die bis heute einen Gegenstand der sprachvergleichenden Forschung bildet, wurde zum ersten Mal gestellt.

Für eine Sprachauffassung aber, die durch eine Herkunft aus der antiken Rhetorik, primäre Mündlichkeit und die Fixierung von Sprache durch eine Alphabetschrift gekennzeichnet ist, stellt das logografische Schriftsystem des Chinesischen eine besondere Herausforderung dar. Die Zeichen dieses Schriftsystems folgen in ihrem Aufbau einer eigenständigen visuellen Grammatik, deren Funktionsweise auf der Zweidimensionalität der Fläche aufbaut.

All diese linguistischen Erkenntnisse jener Zeit eröffneten Wege zu einem neuen Bild der Sprache, die ab dem 19. Jahrhundert zögernd beschritten wurden, wie wir noch sehen werden. Im Zeitalter des Barock trieb aber auch die Idealisierung von Sprache auf einen ersten Höhepunkt zu, was sich mit den rationalistischen Philosophen von Descartes (1596–1650) bis Leibniz (1646–1716) verbindet. Sie vertraten die aufklärerische Ansicht, dass der menschliche Verstand grundsätzlich in der Lage ist, die Realität objektiv zu erfassen, und diese Ansicht erstreckte sich auch auf die Verwendung der Sprache.

Der Ausgangspunkt dieser Überlegungen war die Aufdeckung der Verschiedenheit der Sprachen, denn damit war ja nach Meinung dieser Philosophen zugleich auch die Unzulänglichkeit jeder einzelnen, auf natürlichem Wege entstandenen Sprache erwiesen. Deshalb befasste sich Leibniz mit der Entwicklung einer Universalsprache, die Sachverhalte eindeutig und wahrhaftig bezeichnen können sollte, dabei systematisch aufgebaut, somit leicht zu erlernen und für die Völkerverständigung geeignet wäre. Unter dem Eindruck der chinesischen Schrift schlugen manche Gelehrte jener Zeit auch spezielle Schriftsysteme für Universalsprachen vor, deren Zeichen eigenen Regeln für die Abbildung von Bedeutungen folgten. Während Leibniz' Ideen in gewisser Weise durch die mathematische Logik unserer Tage fortgeführt werden, können andere Entwürfe als Vorläufer moderner Welthilfssprachen wie Esperanto oder Volapük verstanden werden. Neben diesen konstruktiven Überlegungen zur Sprache versuchten rationalistische Grammatiker wie die von Port-Royal (1660), die konkreten Sprachen unterliegenden Strukturen und Zusammenhänge aus einer universalistischen Perspektive aufzudecken.

So viel in diesem Schnelldurchlauf durch die Entwicklung der Sprachwissenschaft bis zum 19. Jahrhundert auch ausgelassen werden muss, so unverzichtbar ist es, dabei auf die Auswirkungen zu sprechen zu kommen, die die Einführung des Buchdrucks im 15. Jahrhundert nach sich gezogen hat. Der Buchdruck wirkte sich nach seiner vollständigen Entfaltung seit Beginn des 16. Jahrhunderts in zweierlei Weise aus. Durch die ungleich höheren Buchauflagen und die größere Distribution der Werke gegenüber der Handschriften-Epoche zuvor wurden Standardisierungen notwendig: Standardisierungen der Typografie, der Orthografie und der Textgestaltung, um dem Leser (und also dem Käufer) den Zugang zu einem Werk nicht allein schon auf der Darstellungsebene zu erschweren.

»Standardisiert« wurden aber auch Wörter und Formulierungen, damit die Werke in den verschiedenen Dialektregionen nicht unterschiedliche Ausgaben erforderten. Im deutschsprachigen Raum bildete sich auf diese Weise in einem lange andauernden Prozess die neuhochdeutsche Schriftsprache heraus, die aus keiner bestimmten Region durch Ausbreitung hervorging, sondern eine Mischung aus verschiedenen Dialekten darstellt.[38] Jede Standardisierung erfordert Regeln, und die Standardisierung von Sprache im Zuge ihrer Reproduktion per Buchdruck verstärkt somit die Auffassung, dass die sprachliche Praxis nicht nur Regeln aufweist, sondern ihr bestimmte Regeln auf geradezu natürliche Weise zugrunde liegen.

Die zweite Auswirkung des Buchdrucks auf das Bild der Sprache wird weniger oft in den Blick genommen: Der Buchdruck stellt für die Reproduktion von Texten ein Mediensystem zur Verfügung, das ideal für die schnelle und präzise Gestaltung von Geschriebenem geeignet ist, nicht aber Vergleichbares für Gezeichnetes oder Gemaltes, also für die Gestaltung von Bildern und Grafiken, anbietet. In den ersten Jahrzehnten des Buchdrucks verschwand deshalb die zuvor florierende Buchmalerei nahezu vollständig aus den Werken. Dieser Verlust konnte nur unvollkommen und mit hohem Aufwand durch Kupferstiche kompensiert werden.[39]

Damit besaß die Schrift für Jahrhunderte einen bedeutenden »evolutionären« Vorteil gegenüber den wesentlich aufwändiger zu reproduzierenden Bildern, Grafiken und Zeichnungen, und dieser Vorteil stärkte wiederum die Auffassung von Sprache – in diesem Fall geschriebener Sprache in Büchern – als Ausdruck reiner Sprachlichkeit. Gedruckte Texte enthalten demnach vor allem lange Ketten von Schrift und Geschriebenem und sind nicht etwa Sammlungen grafisch gestalteter Flächen. Das Buch entwickelte sich deshalb zum nahezu konkurrenzlosen Medium der reinen Sprachlichkeit.

Wie wurden diese Impulse in der Moderne aufgegriffen und weitergeführt? Wir werden das 19. Jahrhundert, das Jahrhundert der Sprachgeschichte, zunächst überspringen, um uns in den folgenden drei Abschnitten anzusehen, wie die Prinzipien der reinen Sprachlichkeit, der Regelorientierung und der rationalistischen Idealisierung in der Sprachbetrachtung im 20. Jahrhundert fortgeführt wurden – in diesem Jahrhundert, das nicht nur eines der Kriege war, sondern auch der Ideologien und der unverbrüchlichen Fortschrittsgläubigkeit. Und so gingen auch in der Linguistik radikale Positionen daraus hervor, die für lange Zeit den Blick auf ein alternatives Bild der Sprache versperren sollten.

»Abseits von Welt und Sprecher«: der Strukturalismus

Dass die Sprache ein in sich geschlossenes System darstellt, dass also die reine Sprachlichkeit nicht nur als Darstellungsmittel gewählt wird, sondern die Sprache vielmehr »abseits von Welt und Sprecher«[40] zu erfassen und zu untersuchen ist, wurde mit dem Strukturalismus im 20. Jahrhundert zur herrschenden Auffassung in der Linguistik. Begründet wurde der Strukturalismus von dem Indogermanisten Ferdinand de Saussure (1857–1913) mit einem Buch, das er nicht selbst verfasst hatte und in dem das Wort »Struktur« an keiner Stelle zu finden ist. Der *Cours de linguistique générale*[41] (1916) war nach dem frühen Tod Saussures von zwei jüngeren Kollegen herausgegeben worden, im Wesentlichen auf der Grundlage von Vorlesungsmitschriften einiger Studenten.[42] Saussure selbst hat von diesem wohl einflussreichsten Buch in der Geschichte der modernen Linguistik keine einzige Zeile selbst geschrieben. Für seine Wirkung hat diese kuriose Entstehungsgeschichte allerdings keine Rolle gespielt.[43]

Saussure oder besser gesagt: der *Cours* differenziert Sprache zunächst in die konkreten sprachlichen Äußerungen, die *parole* – meist als »Sprechen« übersetzt – und die Sprache in einem idealisierten Sinne, die *langue.* Die *langue* ist reine Form, in der jedes Element, etwa ein Wort, seine Bedeutung und Funktion nur in seinem Verhältnis zu anderen Wörtern erhält. Die zwei zentralen Relationen dabei sind die syntagmatische (im *Cours* ursprünglich »assoziative«) und die paradigmatische Relation. Die syntagmatische Relation beschreibt das Verhältnis der sprachlichen Elemente in einer Kette zueinander, etwa ein Wort inmitten der anderen Wörter in einem Satz. Die paradigmatische Relation nimmt das Verhältnis eines Elements zu anderen Elementen in den Blick, die an seiner Stelle in der Kette stehen *könnten,* dort aber nicht realisiert wurden.

In dem Satz »Antje betrachtet das Bild« befindet sich das Verb »betrachtet« also in syntagmatischer Relation zu »Antje« und »das Bild«, in paradigmatischer Relation aber zu anderen Verben, die in diesem Satz an genau dieser Stelle erscheinen könnten: »beschreibt«, »sieht«, »kauft« und viele andere. Man kann sich nun versuchen vorzustellen, dass jedes Wort, jeder Wortbestandteil und jede Wortgruppe in dieser Weise durch syntagmatische und paradigmatische Relationen beschrieben wird. Dann ergibt sich ein riesiges Netz von Bezügen zwischen all diesen Einheiten, eine Vorstellung der *langue* als ein hochabstraktes System sprachlicher Zeichen, in mehreren Dimensionen vielfältig miteinander verknüpft.

Mit diesen wenigen Gedanken wird im *Cours* ein Bild von Sprache entworfen, das sich für die sprachwissenschaftliche Forschung als überaus fruchtbar erweisen sollte. Es ermöglichte zum Beispiel, sich von der seit dem 19. Jahrhundert vorherrschenden historischen Sprachbetrachtung zu lösen und sich auf die Systemeigenschaften einer Sprache zu einem bestimmten Zeitpunkt zu konzentrieren. Um das System der *langue* zu verstehen, muss man nämlich nicht seine Entstehung kennen. Vielmehr kann man Sprachforschung so ähnlich wie Mathematik betreiben, die ja auch als ein abstraktes System von Zahlen verstanden werden kann, zu dessen Erklärung man nicht wissen muss, wofür die Zahlen verwendet werden oder wie sie entstanden sind. Passend dazu beschreibt Saussure das sprachliche Zeichen als eine Einheit von Ausdruck (Form) und Inhalt, ohne dabei die Verwendung zu berücksichtigen – nicht anders würde man auch Zahlen beschreiben können.

Das Bild, das der Strukturalismus von der Sprache zeichnete, eröffnete also einen anderen, einen neuen wissenschaftlichen Zugang. Durch diesen neuen Zugang wurde es nicht nur möglich, von der historischen Entwicklung einer Sprache absehen zu können, sondern auch von ihrer Verwendung in einer realen Kommunikationssituation, ob nun im direkten Gespräch oder vermittelt durch Medien. Die Wissenschaft von der Sprache wurde dadurch zu einer Art Mathematik sprachlicher Zeichen, die ohne Blick auf die sprachliche Realität betrieben werden kann. Für die mit Saussures *Cours* einsetzende Entwicklung der modernen Linguistik kam dies einem Konjunkturprogramm gleich, wie die immer differenziertere Ausarbeitung der strukturalistischen Grundgedanken in den folgenden Jahrzehnten zeigte.[44]

Dabei kann angenommen werden, dass auch die ganz praktischen methodischen Probleme, die sich aus einer nicht-historischen Sprachforschung ergeben, eine wichtige Rolle gespielt haben. Wie soll man die Sprachverwendung untersuchen, wenn man kein Tonbandgerät oder keine Video-Aufzeichnung zur Verfügung hat? Wie Gesetzmäßigkeiten in großen Textbeständen auffinden, ohne dafür einen Computer nutzen zu können? Der Strukturalismus kann deshalb auch als Antwort auf die Frage verstanden werden, wie Sprache ohne das zur Beobachtung realen Sprachverhaltens notwendige Instrumentarium erforscht werden kann: nämlich als eine abstrakte Strukturwissenschaft.

Saussures *Cours* verstärkte die Tendenz zur reinen Sprachlichkeit, die in der Geschichte der Sprachwissenschaft seit der Antike angelegt war. Im Strukturalismus war dies allerdings nicht mehr nur eine Folge tradierter Betrachtungsweisen, sondern wurde zu einem wissenschaftlichen Grundprinzip. Die Abkehr der Linguistik von der Welt – von der Geschichte und dem Gebrauch von Sprache, von den Sprechern – wurde zum Höhepunkt der reinen Sprachlichkeit: die ausschließliche Betrachtung der Sprache als ein abstraktes System, unter Ausblendung aller Faktoren, die auf die Sprache bei ihrer Verwendung einwirken. So wurde das in so vielem radikale 20. Jahrhundert auch in der Sprachwissenschaft durch eine Sprachauffassung geprägt, die auf die radikale Fokussierung und Überhöhung der einen abstrakten sprachlichen Modalität setzt: die radikale Monomodalität.

Chomskys linguistische Revolution – radikal und konservativ zugleich

Knapp 40 Jahre nach der Veröffentlichung des *Cours* erschien bei einem holländischen Verlag das Buch eines gerade 28 Jahre alten Linguisten, das sich zusammen mit Saussures Werk als das einflussreichste in der Sprachwissenschaft des 20. Jahrhunderts erweisen sollte. Noam Chomsky, der Autor dieses Buchs, entwirft in *Syntactic Structures*[45] auf kaum mehr als hundert Seiten das Modell einer »generativen Transformationsgrammatik«. Anders als bei den bislang angewandten Verfahren der grammatischen Beschreibung zeigt Chomsky, wie man mit einer Art Sprachautomat grammatisch korrekte Sätze einer Sprache erzeugen kann. Die Idee dabei ist, dass die Beschreibung grammatischer Verhältnisse auf diese Weise viel präziser wird: Die Abgrenzung von grammatischen zu ungrammatischen Sätzen wird durch die Eigenschaften der »Maschine« definiert, und auch die Mehrdeutigkeit mancher Satzkonstruktionen – eine Art Test für die Güte einer grammatischen Analyse – lässt sich durch unterschiedliche Wege bei der Erzeugung des Satzes erklären.

Chomskys »Maschine« erreicht dies durch zwei getrennte Komponenten: Mit der ersten Komponente, der »Phrasenstrukturebene«, werden durch ein formales Regelwerk Basissätze (zum Beispiel »Der Hund jagt die Katze.«) aufgebaut, die durch die zweite Komponente, die »Transformationsebene«, in verschiedener Weise variiert werden können (beispielsweise durch Aktiv-Passiv-Konversion: »Die Katze wird vom Hund gejagt.«). Einige Jahre später, in seinem zweiten Hauptwerk *Aspects of the Theory of Syntax*[46], verändert er dieses Modell dahingehend, dass die Phrasenstrukturebene zu einer »Tiefenstruktur« der Grammatik wird, die keine Sätze, sondern abstrakte grammatische Strukturen erzeugt, aus denen erst durch die Transformationskomponente »normale« Sätze einer Sprache hervorgehen. Damit ist er nicht sehr weit entfernt von Saussures Differenzierung von Sprache in *langue* und *parole*: Die Tiefenstruktur spiegelt die reine Sprachlichkeit der *langue* wieder, die aus der Anwendung der Transformationskomponente hervorgehende Oberflächenstruktur überführt die Sprache gewissermaßen in die Realität und erzeugt konkrete Laut- oder Buchstabenketten – Erscheinungsweisen der *parole*.[47]

Ein wesentlicher Unterschied zu Saussure besteht allerdings darin, dass Chomsky dessen Auffassung von Sprache (*langue*) als abstraktes, statisches und irgendwie auch überindividuelles System von Zeichen ablehnt.[48] Stattdessen nimmt er die spezifischen kognitiven Fähigkeiten des Sprachbenutzers in den Blick und bezeichnet diese zusammenfassend als »Kompetenz«. Die Verbindung der grammatischen Analyse mit den (angenommenen) Eigenschaften der menschlichen Kognition verwandelt diesen etwas trockenen Zweig der Geisteswissenschaften auf einen Schlag in eine Art kognitionswissenschaftliche Grundlagenforschung – ein genialer Schachzug Chomskys, um die mit ihrer Formalisierung ständig abnehmende praktische Relevanz der Grammatikforschung mit neuer programmatischer Relevanz aufzuladen. Gleichzeitig wird die Grammatikforschung mit der kognitionswissenschaftlichen Verortung als ein ganz eigenständiges, vom Rest der Sprachwissenschaft unabhängiges Forschungsgebiet legitimiert – die »theoretische Linguistik« mit ihrer Königsdisziplin, der Grammatiktheorie, war geboren.

Indem Chomsky die Sprachkompetenz mit der sprachlichen Tiefenstruktur und der danach anzuwendenden Transformationskomponente (die in späteren Fassungen zugunsten grundlegenderer Abwandlungsprozesse entfällt) gleichsetzt, erreicht er gleichzeitig auch, sich um Reichweite und Gültigkeit der Regeln nicht zu viele Gedanken machen zu müssen. Die Varianten, Fehler und Unklarheiten in der konkreten Realisierung der sprachlichen Hervorbringungen von Menschen werden mit der Anwendung dieses Modells durch reale Sprecherinnen und Sprecher erklärt. Indem er all diese Phänomene der Sprachverwendung als »Performanz« bezeichnet und diesen Begriff dem der Kompetenz gegenüberstellt, verbannt er sie aus dem Zuständigkeitsbereich der Grammatiktheorie. Dort verbleiben glasklare Regeln, die kein Sowohl-Als-Auch und keine Wahrscheinlichkeiten kennen.

Auch wenn die Regeln wegen der kognitivistischen Ausrichtung dieser Grammatiktheorie nicht normativ verstanden werden, so ist kaum ein Unterschied zu den normativen Grammatiken aus Antike, Mittelalter und früher Neuzeit zu erkennen. Ob grammatische Regeln nun bewusst von einem Menschen einzuhalten sind, damit dieser in »korrektem« Deutsch spricht oder schreibt, oder ob in der menschlichen Sprachkompetenz diese Regeln unbewusst befolgt werden, um ganz abstrakte, noch nicht durch Performanz verunreinigte Sätze zu produzieren, ist eigentlich ohne Belang. In beiden Fällen werden Regeln benutzt, um sprachliches Verhalten in einer apodiktischen, nicht durch die kommunikative Wirklichkeit beeinflussten Weise zu beschreiben.

Aus dieser Perspektive betrachtet, erscheint die Chomskysche Grammatiktheorie keineswegs mehr als so revolutionär, wie sie in den 1950er und 60er Jahren wahrgenommen wurde. Vielmehr führt auch sie die seit der Antike verfolgte Regelorientierung der grammatischen Beschreibung von Sprache fort und spitzt sie dabei sogar noch zu. Die Radikalisierung der Regelorientierung überhöht die Grammatik in einer zuvor nicht gekannten Weise und hebt sie damit aus einer an der sprachlichen Wirklichkeit orientierten Sprachwissenschaft heraus. Mit der kognitiven Theorie der Grammatik wird Grammatikschreibung zu einer Grammatikideologie.

Ein »grandioser Brückenschlag«:
Sprache und Logik

»Es gibt meiner Meinung nach keinen wesentlichen theoretischen Unterschied zwischen natürlichen Sprachen und den formalen Sprachen der Logiker; tatsächlich glaube ich, dass es möglich ist, Syntax und Semantik beider Arten von Sprachen auf der Grundlage einer gemeinsamen natürlichen und mathematisch präzisen Theorie zu verstehen.«[49] Mit diesem Paukenschlag setzt 1970 ein Artikel des amerikanischen Logikers Richard Montague ein, der den unbescheidenen Titel *Universal Grammar* trägt und trotzdem nur 25 Seiten umfasst. Zusammen mit zwei weiteren hochformalisierten Artikeln[50] gelingt Montague damit ein »erstmaliger grandioser Brückenschlag«[51] zwischen Linguistik und Logik, »ein ganz entscheidender Durchbruch«[52] in der »mehr als 2500-jährigen Geschichte«[53] der abendländischen Sprachforschung, wie Wolfgang Stegmüller es in seinen *Hauptströmungen der Gegenwartsphilosophie* jubilierend beschreibt. Die drei Artikel sind dermaßen kompakt formuliert, dass es Jahre dauert, bis selbst in Fachkreisen alle darin verborgenen Erkenntnisse für die Sprachwissenschaft erschlossen sind. Dass Montague seine Theorie selbst nicht ausführlicher und verständlicher dargestellt hat, hat einen einfachen Grund: Am 7. März 1971 wurde er, vierzigjährig, ermordet in seinem Haus in Los Angeles aufgefunden. Die Tat ist bis heute nicht aufgeklärt.[54]

Die Logik war seit der Antike einen weiten Weg gegangen, auf welchem sie sich im 19. Jahrhundert zu einer

Grundlagenwissenschaft der Mathematik gewandelt hatte. Der Preis dafür war allerdings der, dass sie sich immer weiter von der Sprache und der sprachlichen Kommunikation entfernt hatte. Sprachliche Äußerungen galten aus Sicht der Logiker als unpräzise und nicht exakt formalisierbar, so dass Methoden der mathematischen Logik nur durch die Intuition des logischen Analytikers auf die Sprache angewandt werden konnten.

Montague gelingt der Brückenschlag, also die Ausschaltung der Intuition, indem er ein generatives Grammatikmodell, das dem von Noam Chomsky ähnelt, um semantische Regeln erweitert: Jede Grammatikregel bekommt eine logische Regel an die Seite gestellt, so dass bei jedem grammatischen Konstruktionsschritt zugleich ein logischer Konstruktionsschritt ausgeführt wird. Chomskys Grammatik-»Maschine« hat dabei also nicht mehr nur die Aufgabe, grundlegende grammatische Strukturen als Basis für konkrete Sätze zu erzeugen, sondern fungiert zugleich auch als Konstruktionsplan für den Aufbau von Satzbedeutungen. Die Bedeutung eines Satzes, im Sinne eines logischen Ausdrucks, wird auf diese Weise Schritt für Schritt aus kleineren Einheiten zusammengesetzt: der Satz aus Satzteilen, den Phrasen, diese aus Teilphrasen und Wörtern. Weil die Ausdrücke der Logik einen ganz anderen Aufbau haben als die der natürlichen Sprache, ist dafür ein komplizierter formaler Apparat erforderlich. Deshalb war die Möglichkeit, die Intuition in der Erfassung von Bedeutungen mit logischen Mitteln zu überbrücken, auch so lange unentdeckt geblieben.

Die Auffassung, dass sich komplexe Bedeutungen aus einfacheren, weniger komplexen Bedeutungen zusammen mit den Regeln ihrer Kombination »berechnen« lassen, wird als Kompositionalitätsprinzip bezeichnet. Das Kompositionalitätsprinzip ist das Grundprinzip der Formalen Semantik, wie man das Teilgebiet der Linguistik bezeichnet, das aus Montagues Arbeiten hervorgegangen ist. Wie auch in der Grammatiktheorie beruht die Formale Semantik auf einem rigiden Verständnis von Regeln, bei dem keine Abstufungen oder Varianten vorgesehen sind.

Darüber hinaus stellt sich die Frage, ob Bedeutungen tatsächlich nach dem Kompositionalitätsprinzip aufgebaut sind. In isolierten Beispielsätzen wie »Hans baut ein großes Haus« funktioniert das zwar, ob wir jedoch in realen Kommunikationssituationen in dieser Weise Bedeutungsatome zu Bedeutungsmolekülen kombinieren, ist eher zweifelhaft. Viele Konstruktionen, die wir in Gesprächen oder Texten verwenden, bauen wir nicht Wort für Wort auf, sondern rufen sie komplett als Muster ab und passen sie unserem kommunikativen Bedarf an, wie etwa in: »Komm, lass mal. Diesen Typ kannst du vergessen!« Auch die Bedeutung von Wörtern oder Wortgruppen variiert stark im Kommunikationszusammenhang. Wörter haben keine fixierte Bedeutung, die wir wie Bausteine zusammensetzen können. Vielmehr wird ihre Bedeutung erst im Zusammenhang festgelegt oder gar gebildet.

Die Formale Semantik greift also die rationalistische Idealisierung menschlicher Kommunikation erneut auf.

Diese hatte ja bereits in der Antike mit der Dialektik eingesetzt, war jedoch durch die Emanzipierung der mathematischen Logik als eigenständige Disziplin unterbrochen worden. Mit der Formalen Semantik wird diese Tendenz sogar noch verschärft, indem auf der Grundlage des Kompositionalitätsprinzips mit Montagues Brückenschlag die logisch-rationalistische Konstruierbarkeit der Bedeutung eines jeden sprachlichen Ausdrucks behauptet wird. Schüler und Nachfolger Montagues weiten dies sogar auf ganze Texte und Gespräche aus. Damit gerät die Bedeutungsseite menschlicher Kommunikation gänzlich in den Bereich der mathematischen Logik, während die logisch nicht rekonstruierbaren Bereiche – etwa die zwischenmenschliche Interaktionsdynamik oder die im Handlungszusammenhang erfolgende, von Emotionen gefärbte und durch kognitive Standardverfahren beeinflusste Bedeutungskonstitution – nicht berücksichtigt werden. Die rationalistische Idealisierung von Sprache wird in der Formalen Semantik als Logizentrik radikalisiert.

Radikaler Theorie mit Texten und Daten begegnen

Der Strukturalismus, die Generative Grammatiktheorie und die Formale Semantik sind Beispiele für eine »Radikalisierung« des Bildes der Sprache, die ihren Höhepunkt in der zweiten Hälfte des 20. Jahrhunderts erlebt, gleichsam ein modernes Trivium. Chomsky inkorporiert dieses Bild in einen »idealen Sprecher-Hörer«, der »in einer völlig homogenen Sprachgemeinschaft lebt, seine Sprache ausgezeichnet kennt und bei der Anwendung seiner Sprachkenntnis in der aktuellen Rede von solchen grammatisch irrelevanten Bedingungen wie begrenztes Gedächtnis, Zerstreutheit und Verwirrung, Verschiebung in der Aufmerksamkeit und im Interesse [und] durch Fehler [...] nicht affiziert ist.«[55] Dies kann man kaum noch als die Beschreibung eines Menschen verstehen, sondern als die einer körperlosen Sprachmaschine, die keine Entwicklung durchlaufen hat, keine Emotionen kennt und sich in keinen sozialen Zusammenhängen befindet. Was hat die Sprache eines solchen Wesens noch mit der realer Menschen in konkreter Kommunikation zu tun?

Auf dem Weg hin zu dieser radikalen Position wurden allerdings auch immer wieder Abzweigungen genommen und alternative Wege beschritten. So bildeten bei der Entfaltung der Sprachwissenschaft im 19. Jahrhundert überlieferte Textdokumente die Grundlage für historisch-vergleichende Untersuchungen, durch die die Entwicklung ganzer Sprachfamilien rekonstruiert werden konnte. Einer der Begründer der Indogermanistik, Franz Bopp, stellte aus altindischen Originaltexten des Sanskrit Listen von Verben zusammen, um ihre morphologische Struktur zu analysieren.[56] Jacob Grimm verglich in seiner mehrbändigen historischen Grammatik Belege aus einer Vielzahl von germanischen Sprachen miteinander. Den sogenannten »philosophischen« Grammatiken seiner Zeit warf er

eine mangelhafte empirische Fundierung durch Sprachdaten vor, normative Grammatiken hielt er »schlicht für
überflüssig«.[57]

Die wohl bekannteste Entdeckung Jakob Grimms ist
die germanische Lautverschiebung, die den Übergang
vom indogermanischen zum germanischen Konsonanten-
system beschreibt. Grimm konnte die damit verbundenen Phänomene, die auch schon anderen aufgefallen waren, systematisieren und als Teil einer übergreifenden
Lautentwicklung erklären. Diese Systematisierung sah er
selbst nicht als ein universelles Lautgesetz an, doch das
»Grimmsche Gesetz« wurde zum Prototyp dessen, was in
der zweiten Hälfte des 19. Jahrhunderts die Sprachwissenschaft prägen sollte: ein Regelbegriff für sprachhistorische Wandlungsprozesse, für die eine gleichsam natur-
wissenschaftliche Gültigkeit reklamiert wurde. Schon in
jener Zeit also wurde für die sogenannten »Junggrammatiker« eine mathematisch-naturwissenschaftliche Wissen-
schaftsauffassung zum Leitbild, und schon in jener Zeit
wurden linguistische Beobachtungen durch die Beschreibung als Regeln verabsolutiert. Und ebenso wie die Chomskysche Grammatikideologie wurde diese »radikale« Auffassung der Sprachgeschichte schon bald kritisiert, da
nachweisbare kulturelle Einflüsse auf die sprachhistori-
schen Prozesse oder die Erkenntnisse zum Lautsystem in
unterschiedlichen Dialekten nicht einfach ignoriert werden konnten.[58]

Mit den Junggrammatikern hatte sich jedoch eine
empirische Sprachwissenschaft etabliert, die von realen

Sprachdaten ausging und später die strukturalistische Methodik übernahm. Insbesondere Leonard Bloomfield, der in Leipzig, im Mekka der Junggrammatiker, studiert hatte, etablierte die positivistische Methode in den USA und baute eine Schule auf, die sich auch den nordamerikanischen Indianersprachen zuwandte.[59] Bis heute bildet eine solche dokumentierende und typologisierende Linguistik ein wichtiges Teilgebiet in der sprachwissenschaftlichen Landschaft.

Ein anderer Zweig der empirischen Sprachwissenschaft hat ebenfalls im 19. Jahrhundert einen ersten Höhepunkt erlebt: die Lexikografie. Auch dieses Teilgebiet ist für den deutschen Sprachraum mit dem Namen Grimm verbunden, neben Jakob Grimm auch mit seinem Bruder Wilhelm, deren »Deutsches Wörterbuch« ab 1852 mit dem ersten Band erschien – der Abschluss dieses Jahrhundertprojekts erfolgte erst vier deutsche Staatsgründungen, zwei Weltkriege und 31 Teilbände später im Jahr 1960.[60] Viele der in diesem Wörterbuch aufgenommenen Lemmata sind mit Angaben zu ihrer Verwendung versehen, wobei die Grimms vor allem auf literarische Beispiele zurückgegriffen haben.

Sowohl mit einer auf Sprachdaten beruhenden Sprachgeschichtsschreibung als auch mit einer Lexikografie, die die tatsächliche Verwendung der Wörter zur Grundlage nimmt (und nicht etwa die Festlegung, wie sie verwendet werden *sollten*), bewegen sich die Grimms und mit ihnen viele andere Sprachwissenschaftler des 19. Jahrhunderts im Rahmen einer Sprachauffassung, die die Dynamik der

Sprache betont. Wilhelm von Humboldt hatte diese Auffassung schon zu Beginn des Jahrhunderts mit zwei Begriffen geprägt: Nicht ein ἔργον (*ergon*), ein fertiges, absolutes Werk, sei die Sprache, sondern eine ἐνέργεια (*energeia*), eine kontinuierliche Tätigkeit der Menschen – und folglich auch in dazu passender Weise zu untersuchen.

Das 19. Jahrhundert war nicht nur das Jahrhundert der Sprachgeschichte, sondern auch das der Philologie. Die Methoden der wissenschaftlichen Textkritik wurden ab etwa 1800 von den Altphilologen Friedrich Wolf, Karl Lachmann und Friedrich Schleiermacher in der Auseinandersetzung mit antiken Textquellen entwickelt. Karl Lachmann, der mit den Grimm-Brüdern befreundet war, öffnete die Textkritik auch für die Mediävistik, indem er die für klassische Texte entwickelten Verfahren auf alt- und mittelhochdeutsche Texte übertrug.[61]

Die Editionsphilologie ist zwar kein Teilbereich der Sprachwissenschaft, doch hat sie den Blick dafür geschärft, dass Texte, zunächst historische Texte, nicht nur aus aneinandergereihten Wörtern bestehen, sondern die Textgestalt an die Medien und Umstände ihrer Überlieferung gekoppelt ist. Editionsphilologen interessieren sich also nicht für einen Text in seiner reinen Sprachlichkeit, sondern sie beziehen die Gestalt der Schrift, Art und Zustand des Papiers oder Pergaments, die Gestaltung der Seite, Randglossen, Korrekturen, Notizen, Zeichnungen und Bilder, die Nachbartexte im Band oder Archiv und vieles andere mehr in ihre Betrachtungen ein. Ein historisches Dokument ist für einen Philologen deshalb nicht nur ein Text, sondern ein komplexes Artefakt, das sich aus Zeichen unterschiedlicher Art zusammensetzt und dessen Geschichte und Bedeutung sich aus dem besonderen Zusammenhang all dieser Zeichen ergibt.

Es ist deshalb sicherlich kein Zufall, dass zum Ende des 19. Jahrhunderts auch der Begriff des Zeichens selbst Gegenstand der wissenschaftlichen Betrachtung wurde. Es war ja weiter vorne in diesem Kapitel bereits erwähnt worden, dass Saussures Sprachauffassung auf einem speziellen Zeichenbegriff beruhte. Schon vor Saussures *Cours* allerdings hatte der amerikanische Philosoph und Logiker Charles Sanders Peirce eine Zeichentheorie ausgearbeitet, die weit darüber hinausging und den Grundstein für die Wissenschaft von den Zeichen, die Semiotik, legen sollte.

Peirce' Zeichenbegriff war insbesondere nicht nur auf sprachliche Zeichen ausgerichtet, sondern behandelte den Prozess, wie wahrnehmbare Phänomene überhaupt eine kommunizierbare Bedeutung erlangen können, in einem ganz allgemeinen Sinne. Den Begriff der Grammatik verwendete er, um Entstehung und Kombination von Zeichen zu beschreiben. Damit war die Grundlage gelegt, in der Semiotik Zeichensysteme unterschiedlichster Art untersuchen und mit einem aus der Sprachforschung entlehnten Instrumentarium erklären zu können.[62] Man kann es auch anders herum formulieren: Mit der Semiotik ist so etwas wie eine verallgemeinerte Sprachwissenschaft entstanden, die sich nicht auf die Untersuchung reiner Sprachlichkeit beschränkt.

Im 19. Jahrhundert waren jedoch noch keine Ansätze einer Abkehr von der rationalistischen Idealisierung von Sprache oder der Hinwendung zur Betrachtung von Kommunikation und Interaktion zu verzeichnen. Derartige Überlegungen sollten noch bis weit ins 20. Jahrhundert auf sich warten lassen. Der Philosoph Ludwig Wittgenstein schuf die Basis dafür, nachdem er in seinem Frühwerk zunächst die logizentrische Sprachauffassung zu einem Höhepunkt geführt hatte.[63] In seinem wesentlich umfangreicheren und bis heute diskutierten späteren Werk zwischen etwa 1930 und seinem Tod 1951[64] befasste er sich mit Fragen zu Bedeutung und Funktion von Sprache und entwickelte seine Antworten darauf – etwa die Konzepte des »Sprachspiels« oder der »Familienähnlichkeit« – mit einfachen Beispielen aus Alltagsgesprächen. Mit seiner Sprachphilosophie regte er Strömungen in der Linguistik an, die die Sprache als Instrument der Kommunikation verstehen und aus dieser Perspektive heraus die sprachlichen Hervorbringungen von Menschen – Texte, Gespräche, Diskurse – untersuchen. Damit war Wittgenstein sowohl Exponent einer logikzentrierten Sprachauffassung in seiner frühen Phase als auch der Initiator einer Abkehr davon mit seinem späteren Werk.

Wir haben in diesem Kapitel gesehen, wie die Impulse der Antike in der Neuzeit bis in die Moderne weitergewirkt, aber auch Abkehrbewegungen hervorgerufen haben.

Strukturalismus, Generative Grammatik und Formale Semantik waren nur unter idealisierenden Annahmen möglich: die reine Sprachlichkeit von Texten, die Regelorientierung der Sprache und die rationalistische Idealisierung von Kommunikation. Alle drei waren notwendig, um die Sprachbetrachtung zu einer Wissenschaft werden zu lassen. Gleichzeitig unterlagen sie den lange vorherrschenden Beschränkungen der linguistischen Forschungsmethodik. Sprache ist in Beispielen gegeben, nicht in ihrer Gesamtheit. Sie ist zudem von den technischen Voraussetzungen ihrer Dokumentation, lange Zeit ausschließlich als Schrift, abhängig. Und sie ist nur *ein* Teil der menschlichen Kommunikation, die so komplex und verwoben ist, dass sie kaum angemessen erfasst werden kann.

Wir werden im folgenden Kapitel sehen, wie sich diese Voraussetzungen durch die Digitalisierung und Vernetzung sprachlicher Kommunikation geändert haben.

4
Sprache digital und vernetzt

In der bis in die Antike zurückgehenden Geschichte der Sprachforschung blieben, bei allem Wandel, zwei Dinge stets gleich: Sprache wurde als geschriebene Sprache betrachtet, und die Texte wurden auf analogen, physischen Medien wie Papier, Pergament oder Papyrus fixiert. Das hatte zwei methodische Einschränkungen zur Folge: Gesprochene Sprache konnte erstens nicht in reproduzierbarer, also methodisch einwandfreier Form erfasst und untersucht werden, und schriftliche Texte, das Forschungsmaterial, mussten zweitens immer von Menschen durchforstet und analysiert werden. Die erste Einschränkung der linguistischen Forschung war bereits mit der Verfügbarkeit von Tonbandgeräten seit etwa den 1950er Jahren entfallen, und einen weiteren Schritt in dieser Entwicklung stellte die Videoaufzeichnung ganzer Situationen dar, in die die sprachliche Kommunikation eingebettet ist.

Die zweite Einschränkung, die Begrenzung der Untersuchungsverfahren auf das Leistungsspektrum des menschlichen Intellekts, wurde mit dem Computer überwunden. Für die frühen Computer waren zunächst ausschließlich mathematische Verwendungen vorgesehen, doch wurde auch die Schrift bereits in den ersten Jahren von der Digitalisierung erfasst.[65] Dies war naheliegend: Wie auch Zahlen sind Buchstaben diskrete, also klar abgrenzbare Zeichen, was sie beispielsweise von Tonverläufen oder Bildern unterscheidet. Auf Buchstaben konnten deshalb leicht die gleichen binären Kodierungsverfahren angewandt werden, wie sie zum Rechnen mit Zahlen in Computern notwendig waren.

Die Kodierung von Buchstaben bereitete also von Anfang an keine Schwierigkeiten, das *Rechnen* mit Buchstaben hingegen schon. Die Idee, Buchstaben und Wörter im Computer algorithmisch zu verarbeiten, kam im Zusammenhang mit der Programmierung auf.[66] Seit Anfang der 1950er Jahre wurden die Programme aufgrund der beständigen Leistungssteigerung der Computer immer komplexer. Dabei wurden die Grenzen sichtbar, die die direkte Programmierung besaß. Bei der direkten Programmierung werden die binären Befehlsfolgen unmittelbar in den Speicher des Computers geschrieben, was sehr fehleranfällig ist und genaueste Kenntnisse der Verarbeitungslogik des jeweiligen Computertyps erfordert.

Eine erste Vereinfachung bestand darin, bei der Konzeption von Programmen höhere Programmschemata wie »Wenn-dann-sonst«-Verzweigungen oder »Solange-bis«-Schleifen einzusetzen, um diese in einem zweiten Schritt noch auf dem Papier in Sequenzen von Maschinenbefehlen zu übersetzen. Der entscheidende Entwicklungsschritt bestand aber schließlich darin, diese Übersetzung vom Computer selbst ausführen zu lassen. Voraussetzung dafür war es, den zu übersetzenden Programmtext im Computerspeicher zu hinterlegen, nicht nur das ausführbare Programm. Auf diese Weise kam Text erstmalig in den Computer.

Dieser Text war allerdings zunächst noch ein sehr formaler Text, dessen Ausdrücke aus der Mathematik und der mathematischen Logik stammten. Als das Prinzip des Compilers, des »Übersetzers« von Programmen, jedoch verstanden war, entwickelte sich schnell die Vorstellung, Programme auch in einer natürlichen Sprache wie dem Englischen schreiben zu können. Ergebnisse dieser Überlegungen waren in der zweiten Hälfte der 1950er Jahre Programmiersprachen wie COBOL oder FORTRAN, die sehr elaborierte sprachliche Formulierungen für typische Programmstrukturen aufweisen, allerdings auch weiterhin als formale Sprachen im mathematischen Sinne verstanden werden müssen.

Beflügelt durch diese frühen Erfolge der Informatik, eingefordert durch politische Zielsetzungen, begann in dieser Zeit auch die Entwicklung maschineller Übersetzungssysteme für natürliche Sprachen, vor allem für das Sprachenpaar Englisch-Russisch.[67] Es war die Zeit des Kalten Krieges, und man versprach sich mit den Mitteln der maschinellen Übersetzung die Auswertung von Textdokumenten – technische Dokumentationen, wissenschaftliche Reports, militärische Planungspapiere – beschleunigen zu können, in deren Besitz man durch Spionageaktivitäten gelangt war.

Große Hoffnungen wurden durch das »Georgetown-IBM-Experiment« Anfang 1954 geweckt. Das »Experiment« war die Demonstration eines einfachen Systems, das einige wohlvorbereitete Sätze vom Russischen ins Englische übersetzen konnte (beispielsweise die russische Entsprechung des Satzes »We transmit thoughts by means of speech.«). Die damit verbundenen Versprechungen auf die baldige »Lösung« des Übersetzungsproblems konnten nie eingelöst werden, doch führten sie zu einer gut zehn Jahre andauernden intensiven staatlichen Förderung des jungen Forschungsgebiets der Sprachtechnologie. Die Etablierung dieser Disziplin hat im Kalten Krieg also ihren Anfang genommen.

Dumme und kluge Sprachautomaten

Der Informatiker Wolfgang Coy hat den Computer als ein Gerät beschrieben, das drei verschiedene Erscheinungsformen in sich vereint: den Automaten, das Werkzeug und das Medium.[68] In der Tat lassen sich auch bei der Betrachtung der Sprachverarbeitung per Computer drei Entfaltungsstufen erkennen, die mit diesen Begriffen umschrieben werden können. In der ersten, frühesten Entwicklungsstufe als Automat ging es darum, menschliche Tätigkeiten durch den Computer zu ersetzen. Einen Text zu übersetzen, war die erste automatisierte Sprachanwendung. Seit den 1960er Jahren ging daraus die akademische Disziplin der Computerlinguistik hervor, die sich

bis heute mit den Grundlagen der Sprachtechnologie befasst.[69] Dazu gehören von Anfang an etwa die Verfahren
der Grammatik-Analyse, das sogenannte Parsing, oder die
Analyse der Struktur von Wörtern, um diese auf ihre Lexikonform zurückzuführen. Und auch die Bedeutungsseite
der Sprache wurde bald berücksichtigt, indem die durch
Parsing ermittelten grammatischen Strukturen in logische Ausdrücke überführt wurden.

Die algorithmische Verarbeitung von Sprache und Texten erfordert also die Formalisierung linguistischen Wissens. In der Frühphase der Computerlinguistik griff man
dabei auf Chomskys Generative Grammatik zurück, da
dieser selbst erste Überlegungen aus der maschinellen
Sprachverarbeitung in seine Theorie hatte einfließen lassen. Allerdings stellte sich schon bald heraus, dass diese
Theorie nicht für reale Sprachverarbeitungszwecke geeignet war. So war es nicht möglich (und ist es bis heute
nicht), streng der Theorie folgend ein Parsing-Programm
zu erstellen, das den Echtzeit-Anforderungen realer Kommunikation Genüge tut – auf der Grundlage der Generativen Grammatik gebaute Parser sind schlicht zu langsam. Der Ausweg, der in der Computerlinguistik gewählt
wurde, war der, eigenständige Formalismen zu entwickeln, mit denen linguistische Strukturen algorithmisch
besser erfassbar wurden und programmtechnisch verarbeitet werden konnten.

Auf dieser methodischen Grundlage wurden seit den
1960er und 70er Jahren diverse anwendungsbezogene
Sprachverarbeitungssysteme entwickelt, die maschinelle

Übersetzung war nur der Anfang. Besonders aufsehenerregend waren Dialogsysteme, die mit Menschen Gespräche zu vorgegebenen Themen führen konnten. Das System SHRDLU etwa, dessen Entwickler Terry Winograd ihm ganz bewusst einen unaussprechlichen Namen geben wollte, konnte per Computerterminal Anweisungen entgegennehmen und Fragen zu den Verhältnissen in seiner »Welt« beantworten. Diese Welt bestand aus einigen grafisch simulierten Quadern, Würfeln, Pyramiden, Kugeln und Kästen, die mit einem ebenfalls simulierten Greifarm bewegt werden konnten.[70] Das System war ein Experte in dieser Spielzeugwelt und konnte beispielsweise auch schlussfolgern, dass eine Kugel nicht auf einer Pyramide abgelegt werden kann.

Die Begeisterung über SHRDLU war seinerzeit groß, und die Wissenschaftler wähnten sich der Realisierung von künstlicher Intelligenz schon ganz nahe. Leider stellte sich schon bald heraus, dass der Übergang von der simulierten »Blocks World« zur realen Welt keineswegs nur eine Fleißarbeit war, sondern prinzipielle Probleme mit sich brachte, die durch die Dynamik, die Komplexität und die Ungenauigkeit in der Erfassung der Welt bedingt waren.

Schon einige Jahre zuvor war allerdings eindrucksvoll bewiesen worden, wie leicht wir Menschen in Sachen künstlicher Intelligenz hinters Licht geführt werden können. Joseph Weizenbaum hatte 1966 das Dialogsystem ELIZA so programmiert, dass es mit einigen Dutzend Frage-/Antwort-Mustern und ein paar simplen Umformungsregeln den Anschein erweckte, als ob es eine psychotherapeutische Beratung durchführen könnte. Bei einem unvoreingenommenen Test dieses Systems erreicht man sehr schnell dessen Grenzen und erkennt seine völlig »unintelligente« Funktionsweise. Versuchspersonen jedoch, denen gegenüber ELIZA als künstlicher Therapeut beschrieben wurde, fanden sich teilweise vom System gut beraten und baten sogar darum, zur Wahrung der Privatsphäre doch bitte allein gelassen zu werden.[71]

Kurioserweise haben ELIZAs Nachfahren in den letzten Jahren einen überraschenden Wiederaufstieg erlebt. Es begann mit animierten »Beratern« auf den Web-Seiten von IKEA und manchen anderen Unternehmen, die einfache »Gespräche« führen konnten. Diese sogenannten Chatbots sind zwar jeweils auf den Gegenstand des Gesprächs zugeschnitten, funktionieren aber kaum anders als die künstliche Psychotherapeutin aus dem Jahr 1966. Mittlerweile werden Chatbots auch in Kurznachrichtendiensten wie WhatsApp oder dem in China sehr verbreiteten WeChat eingesetzt. Sie werden auf diesen Plattformen genutzt, um Informationen oder Dienstleistungen anzubieten und diese in einem natürlichen Kommunikationsverlauf zu erbringen, etwa Fragen nach dem Spielplan eines Konzertveranstalters und die Buchung von Tickets dafür. Firmen wie die Düsseldorfer Kauz GmbH bieten solche Chatbots für die verschiedensten Zwecke und Branchen an: Call-Center, Webshops, Versicherungen oder Kommunen.[72]

Ein tatsächlich intelligentes Dialogsystem, das sich allerdings als *zu* intelligent erweisen sollte, wurde 1968 sogar Hauptfigur in einem Kinofilm: Stanley Kubricks Science-Fiction-Meisterwerk *2001: Odyssee im Weltraum* schildert eine Expedition zum Saturn, in dessen Verlauf der »HAL 9000«[73] genannte sprachfähige Computer nach und nach die Kontrolle in einem Raumschiff zu übernehmen versucht, bis er vom letzten noch verbliebenen Menschen abgeschaltet wird. »HAL 9000« zeigt die volle Entfaltung dessen, was ein Kommunikationsautomat zu leisten hat. Neben der Analyse der sprachlichen Äußerungen des Gesprächspartners, deren inhaltlicher Auswertung und der Bestimmung einer Antwort muss auch eine Folge von Sätzen als Antwort oder weiterführende Bemerkung im Dialog produziert werden. Darüber hinaus spielt auch die emotionale Ebene der Kommunikation ein wichtige Rolle: »HAL 9000« jedenfalls kann Verunsicherung oder Aufregung bei seinen Gesprächspartnern wahrnehmen.

Die Fähigkeiten von »HAL 9000« sind auch heute noch unerreicht, aber es hat sich seitdem einiges getan beim Bau von Dialogsystemen. Der für viele Menschen sichtbarste Fortschritt wird durch die Einführung von »Siri« markiert, dem sprachgesteuerten Assistenzsystem, das Apple seit 2011 in die jeweils aktuellen iPhone-Modelle integriert. Microsoft und Google zogen bald mit »Cortana« und »OK Google« nach. Allen diesen sprachgesteuerten Schnittstellen ist gemein, dass sie die mittlerweile hohe Übertragungsrate von Daten in Funknetzen dafür ausnutzen, die aufgezeichneten Sprachsignale des Benutzers per Internet an firmeneigene Server zu übermitteln. Dort werden rechenintensive Auswertungsalgorithmen auf das Sprachsignal angewandt und eine Antwortfunktion erzeugt. Rückübertragen auf das Smartphone des Benutzers wird diese bezüglich der persönlichen Informationen auf dem Handy ausgewertet und dem Benutzer eine Antwort präsentiert.

Den zweiten großen Einschnitt bei der Verbreitung von Dialogsystemen hat 2015 der »intelligente« Lautsprecher »Echo« von Amazon bewirkt. Anders als bei »Siri« und Co. besitzt »Echo« kein Display und muss deshalb auch in gesprochener Sprache antworten. Seine Konstruktion als Standgerät für den Heimbereich macht es zudem erforderlich, »Echo« ohne Berührung durch einen Sprachbefehl ansprechen zu können – das »Aufwecken« des Geräts durch die Anrede »Alexa« ruft, anders als der Befehl »Ok, Google« bei einem ähnlichen System der Konkurrenz, sogar den Eindruck eines personifizierten Gesprächspartners mit diesem Namen hervor. Die Folge ist, dass mit »Echo« einfache Informationsdialoge geführt werden können, und die Firma derzeit naheliegenderweise daran arbeitet, insbesondere die Fähigkeit zu einer natürlichen, längeren Gesprächsführung schrittweise auszubauen.

Der letzten Schritt wird es sein, ein tatsächlich *natürliches* Gesprächsverhalten zu realisieren. Mit seinem Mitte 2018 vorgestellten Forschungssystem »Duplex« kommt Google dem schon sehr nahe.[74] Das System kann selbständig Telefonate führen, um für seinen »Besitzer« Reservierungen vorzunehmen oder Tickets zu bestellen. Dazu muss es einen längeren Gesprächszusammenhang verstehen können, was auf der Grundlage von Künstliche-Intelligenz-Methoden recht gut gelingt. Ganz besonders überrascht »Duplex« jedoch mit der geradezu unheimlichen Natürlichkeit, die es in den geäußerten Sätzen aufweist. Dazu wurden kleine »Denkpausen« in den Sprachfluss eingefügt, »Ähs«, Verschleifungen und minimale Fehler in der Sprachproduktion, wie sie auch bei Menschen vorkommen. Auch Rückmeldesignale wie »Mhm« äußert es, während der Gesprächspartner spricht. Mit »Duplex« und »Echo« beginnt »HAL 9000« nach 50 Jahren Wirklichkeit zu werden …

In den 1980er Jahren stellte sich aber nach einer ersten Euphorie über Dialogsysteme und der nachfolgenden Ernüchterung zunächst die Frage, ob die Entwicklung solcher Systeme überhaupt sinnvoll sei. Viele Computerlinguisten der ersten Generation wandten sich deshalb übersichtlicheren Teilaufgaben zu, um diese intensiver und mit einer realistischen Anwendungsperspektive zu bearbeiten. Für praktische Zwecke viel wichtiger als Dialoge wurden dabei Texte: Texte werden im technischen, administrativen, wissenschaftlichen und kulturellen Bereich seit der Entstehung der Schrift verwendet, und Computer können beim Umgang mit Texten zu erheblichen Effizienzsteigerungen führen. Dies lenkte die Aufmerksamkeit der Wissenschaft auf die Analyse und die Generierung von Texten.

Bei beiden Aufgaben kann zwischen »tiefen« und »flachen« Verfahren unterschieden werden. Die »tiefe« Textgenerierung geht von der Repräsentation von Bedeutungen aus und formt diese Schritt für Schritt in eine Abfolge von Sätzen um. Dazu muss zunächst ermittelt werden, welche Bedeutungen überhaupt sprachlich zu realisieren sind, welche erschlossen werden können und welche für das Verständnis zusätzlich erforderlich sind. Sodann sind Satzeinheiten zu bilden, die wichtigsten bedeutungstragenden Wörter (Verben, Substantive, Adjektive) auszuwählen und grammatische Strukturen zu bilden, um zuletzt die Wörter in der richtigen Reihenfolge und in ihren richtigen Formen als Satz auszugeben.[75]

»Flache« Textgenerierungsverfahren hingegen beginnen nicht in der Tiefe abstrakter Bedeutungen, sondern verwenden von vornherein vorformulierte Versatzstücke auf Satz- oder Textebene, um daraus den resultierenden Text zusammenzusetzen, beispielsweise mit einem solchen Muster: »Sie können dieses Problem lösen, indem Sie X durchführen. Allerdings müssen Sie dabei auch Y beachten. Andernfalls besteht die Gefahr, dass Z eintritt.« Diese Versatzstücke können aus anderen Texten kommen, die inhaltlich mit dem Zieltext verwandt sind, oder in einer Datenbank abgelegt sein. Die Aufgabe des Textgenerierungsprogramms besteht hier vor allem darin, geeignete Textstücke auszuwählen, sie in den entstehenden Satz- und Textzusammenhang einzupassen und variable Bestandteile (im Beispiel X, Y und Z) mit konkretem Sprachmaterial zu füllen.

Ganz ähnlich, nur in umgekehrter Richtung, verhält es sich bei der Textanalyse: Eine »tiefe« Textanalyse will durch semantische Verarbeitungsmethoden Bedeutungsrepräsentationen aufbauen, die den Inhalt eines Textes möglichst genau wiedergeben. Dass das ein sehr schwieriges Unterfangen ist, liegt auf der Hand. Die Bedeutung eines Textes kann nicht allein dadurch ermittelt werden, dass die Bedeutungen von Wörtern und Sätzen geschickt miteinander verbunden werden. Vielmehr fließt in hohem Maße »unsichtbares« Wissen in die Textanalyse ein, das lediglich angestoßen wird, um dann länger bei der Bedeutungsbildung mitzuschwingen. Hören wir einen Satz wie »Katrin schloss die Tür ihres Apartments auf.«, dann muss uns nicht erklärt werden, dass hinter der Tür ein Flur und andere Räume liegen, dass sich vermutlich niemand in diesem Apartment befindet und so weiter. Nur vor diesem Wissenshintergrund kann als nächster Satz »Sie erschrak, weil sie Stimmen hörte.« korrekt gedeutet werden. Es ist also sehr schwierig, genau zu sagen, wo eigentlich die Grenze einer Textbedeutung liegt und wie weit die Textanalyse zu gehen hat.

Bei der »flachen« Textanalyse gibt man sich mit sehr viel eingeschränkteren Ergebnissen zufrieden. Eine Teilaufgabe besteht beispielsweise darin, für jedes Wort im Text die Wortart zu bestimmen. Bei vielen Wörtern ist das nicht sehr schwierig, aber eine vollständig korrekte Analyse ist aufgrund der Mehrdeutigkeiten nur sehr schwer zu erreichen. Ist das Wort »der« etwa ein Artikel (»*der* Hund«), ein Demonstrativpronomen (»Es war *der*.«) oder ein Relativpronomen (»der Hund, *der...*«)? Einen Schritt weiter geht die Ermittlung der Lexikonform eines jeden

Wortes, die sogenannte Lemmatisierung. Dazu muss bei den veränderlichen Wortarten der Verben, Substantive, Adjektive, Pronomina, Artikel und mancher Adverbien die Wortform analysiert werden, was oftmals ebenfalls nur in der Kombination von Wortbildungsregeln und Kontextanalyse geschehen kann.

Bei der Tokenisierung werden getrennt erscheinende Wörter wie »findet ... statt« als Einheiten markiert, aber auch Teilsätze und Sätze. Letztere können nämlich keineswegs eindeutig durch den abschließenden Punkt identifiziert werden, denn dieser wird ja auch in verschiedenen anderen Zusammenhängen verwendet. Und schließlich, um ein letztes Beispiel der flachen Textanalyse zu geben, kann auch ein Teil der grammatischen Struktur mit einfachen Regeln aus den Sätzen abgeleitet werden. Ein solches flaches Parsing ermittelt zwar nicht die grammatischen Verhältnisse eines Satzes in ihrer gesamten Komplexität, ist aber beispielsweise in der Lage, Nominalgruppen mit einiger Verlässlichkeit aufzufinden und zu markieren.[76]

Man kann sich natürlich fragen, worin denn überhaupt der Sinn darin liegt, eine Textanalyse nicht so tief wie möglich zu treiben, sondern sich mit der Markierung einiger relativ oberflächlicher Texteigenschaften zufriedenzugeben. Interessant ist dieses Verfahren nicht für einzelne Sätze oder auch nur einzelne Texte, sondern für größere Sammlungen von Texten. Dort nämlich treten durch statistische Auswertungen Muster zutage, die auf Gesetzmäßigkeit schließen lassen. Und auch die flache Textgenerierung bedarf eines solchen Textkorpus, um funktionstüchtig zu sein: Die erwähnten Versatzstücke sind nichts anderes als Muster, die mit einer gewissen Wahrscheinlichkeit in Texten auftreten, und deshalb wie standardisierte Bauteile zur Textkonstruktion genutzt werden können. Flache Verarbeitungstechniken sind also korpusbasiert und auf Korpora bezogen – und das unterscheidet sie von den tiefen Verarbeitungsverfahren für Texte.

Der Computer wird als Schreib- und Lesewerkzeug neu erfunden

Die zweite Erscheinungsweise des Computers ist für Wolfgang Coy die als ein Werkzeug. Im Zusammenhang mit Sprachverarbeitung zeigt sich dies vor allem in der Unterstützung des Lesens und Schreibens. Damit die Verwendung als Werkzeug überhaupt möglich wurde, musste der Computer mit dem Menschen kontinuierlich interagieren können. Die frühen Computer waren dazu nicht in der Lage, sie arbeiteten vielmehr wie Autisten, in deren Arbeit, wenn ein Programm erst einmal von einem Stapel Lochkarten eingelesen und in Gang gesetzt worden war, nicht mehr eingegriffen werden konnte.

Dies änderte sich erst mit Computersystemen, die in Gestalt von Tastatur und Maus als Eingabegeräten und mit dem Bildschirm als Ausgabegerät eine echtzeitfähige Hardware erhielten. Für eine solche Konfiguration wurden Betriebsprogramme entwickelt, die durch die sofortige Verbindung von Eingabe und Ausgabe interaktive

Arbeitsschleifen von Mensch und Computer ermöglichten. Eingeführt wurde diese Konzeption interaktiver Systeme im Jahr 1968 durch Douglas Engelbart mit dem »On-Line System«, und er demonstrierte die Fähigkeiten seines Systems anhand der interaktiven Bearbeitung – von Texten.[77]

Es ist kein Zufall, dass Engelbarts Demonstration oft auf die öffentliche Vorstellung der ersten Computermaus reduziert wird. Interaktivität mit dem Computer erfordert eine physische Tätigkeit des Menschen, und Engelbarts Maus war das erste Eingabegerät, das die Zweidimensionalität der Bildschirmfläche auf einfache Weise durch Arm- und Handbewegungen erschloss. Um das zu erreichen, musste die Maus mit dem Ausgabegerät Bildschirm direkt zusammenarbeiten: Jede ihrer Bewegungen auf der Schreibtischoberfläche wird durch den Computer umgesetzt in einen Strom von Positionsdaten, aus dem wiederum eine Abfolge von Bildern mit einem Lichtpunkt erzeugt wird, die die Illusion einer Bewegung auf der Bildschirmfläche hervorruft.

Hard- und Software der Maus nutzen die Möglichkeit des Computers, keineswegs nur Schriftzeichen prozessieren zu können, sondern auch grafische Objekte wie den Lichtpunkt, der später zu einem Pfeil wurde. Genau genommen ist es völlig gleichgültig, ob eine Sequenz von Bits als Schriftzeichen, als Grafik-Objekt, als Foto, Video oder Klang zu deuten ist. Die Speicherung von Informationen im Computer nivelliert durch die digitale Kodierung sämtliche Unterschiede der verschiedenen Medientypen, so dass sie alle in der gleichen Maschinerie verarbeitet werden können. Die Medienintegration bildet deshalb nach der Automatisierung die zweite technologische Entwicklungsstufe des Computers, und diese ist zugleich die Basis dafür, den Computer als ein interaktives Werkzeug nutzen zu können.

Wenn die Bildschirmfläche in ihrer Zweidimensionalität erschlossen wird, ergeben sich für das Schreiben und Lesen von Texten neue Möglichkeiten. Der Text kann beim Schreiben unter Ausnutzung der Bildschirmfläche gestaltet werden, etwa durch Absatz- und Spaltenbildung, grafische Hervorhebungen und typografische Merkmale der Schrift. Auf der Bildschirmfläche können zusätzlich zum Text Bilder und Tabellen, Grafiken und Diagramme platziert werden. Es entstanden folglich sehr bald Textverarbeitungsprogramme, die derartige Medienaggregationen mit einfachen Mitteln vorzunehmen erlaubten. Als Ideal wurde dabei das »What You See Is What You Get«-Prinzip, kurz WYSIWYG, für die Entwicklung leitend. Danach soll der Unterschied zwischen dem, was der Autor am Bildschirm sieht, und dem, was der Leser als Ausdruck oder als Web-Seite zu sehen bekommt, möglichst gering ausfallen.

Entscheidend für die Durchsetzung der computerbasierten Textverarbeitung ist aber gar nicht das WYSIWYG-Prinzip – es gab und gibt wichtige Verfahren, die wie LaTeX, SGML oder XML diesem Prinzip explizit nicht folgen –, sondern die große Reduktion der Kosten und des Zeitaufwands, die die Digitalisierung der Textherstellung mit sich bringt. Heutige Textverarbeitungssysteme erlauben ja nicht nur die Erstellung von Texten, sondern auch deren grafische Gestaltung, die Integration von Medien unterschiedlichster Art und sogar die Erstellung von Info-Grafiken und Schemata, weshalb man auch von »Desktop Publishing« spricht. Alle dabei anfallenden Arbeitsvorgänge werden vom Computer unterstützt, alle dabei anfallenden Informationseinheiten werden im Speicher gemeinsam vorgehalten und auf der Bildschirmfläche dargestellt. Der Autor eines Textes wird dadurch in die Lage versetzt, ohne weitere Hilfe ein komplexes, professionell gestaltetes und ästhetisch anspruchsvolles Textdesign zu realisieren, wozu ohne Verwendung des Werkzeugs Computer die Expertise mehrerer Menschen und die minutiöse Koordination ihrer Arbeit notwendig wäre.

Der Computer als Werkzeug macht sich dabei auch die weitergehenden Möglichkeiten der Automatisierung zunutze. Das Schreiben kann wie in »Word« durch automatische Rechtschreibkorrektur unterstützt werden, durch *Style Checker* und Thesauri (Wortdatenbanken). Sogar der Akt des Formulierens selbst ist Gegenstand der Unterstützung: Auf Smartphone-Tastaturen, die eigentlich viel zu klein sind für das schnelle und fehlerfreie Schreiben, wird aufgrund von personalisierten Sprachmodellen, die im Hintergrund verwaltet werden, das im Textzusammenhang gemeinte Wort aufgrund der *ungefähr* getroffenen »Tasten« auf dem Touchscreen erraten.[78]

Viele Smartphone-Tastaturen erlauben es dem Schrei-

benden außerdem, das nächste Wort aus einer Liste vor-
geschlagener Wörter auszuwählen, und erstaunlich oft
handelt es sich beim ersten Vorschlag tatsächlich um das
gemeinte, aber noch überhaupt nicht begonnene Wort.
Ähnliches ist auch auf der Ebene des Textdesigns vorgesehen: Textinhalte können in voreingestellte Layouts integriert werden, die sich automatisch an Umfang und Gliederung des Textes anpassen. Textverarbeitungssysteme,
die wie LaTeX nicht nach dem WYSIWYG-Prinzip arbeiten, berechnen aus einem nach inhaltlichen Gesichtspunkten gegliederten Text eine optimale Darstellung, die
eine Qualitätsebene erreicht, in der sie ohne weitere Veränderungen für den Buchdruck eingesetzt werden kann.
Medienintegration und Automatisierung sind also bei der
Nutzung des Computers als Werkzeug fürs Schreiben miteinander verzahnt.

Für digitale Texte, die für die Lektüre auf dem Bildschirm dargestellt werden, kann der Computer ebenfalls
als Werkzeug genutzt werden, als Werkzeug des Lesens.
Ob Web-Browser, Darstellungsprogramme für PDF-Datei-
en oder der Lesemodus von Textverarbeitungsprogram-
men – sie alle bieten die Möglichkeit der Suche in Texten,
eine der einfachsten Methoden, mit maschineller Unterstützung zu lesen. Denn wenn wir etwa in einer langen
PDF-Datei nach einem bestimmten Begriff suchen und einige Fundstellen dafür ausgewiesen bekommen, handelt
es sich um einen hybriden Lesevorgang von Mensch und
Maschine: Das schnelle, oberflächliche Lesen des Rech-
ners wird mit dem langsam, aber tiefgehenden, auf die

Bedeutung bezogenen Lesen des Menschen kombiniert. *Information Retrieval* nennt man derartige Suchtechniken, und Suchmaschinen wie »Google« und »Microsoft Bing« stellen die Ergebnisse von Suchabfragen in Listen zusammen, die sie nach einem ausgeklügelten, als Firmengeheimnis behandelten System von Kriterien ordnen. Weitergehende Formen des automatisierten Lesens sehen die strukturierte Zusammenstellung von Informationen (*Information Extraction*) oder die Erzeugung von Textzusammenfassungen vor.[79]

Mit diesen bereits etablierten Verfahren ist natürlich noch lange nicht das Ende der Entwicklung hybrider Lesetechnologien erreicht. Wie wir in einer Fremdsprache lesen können, zeigen ja heute bereits Web-Browser wie »Google Chrome«, in denen man sich eine Web-Seite auch in einer *ad hoc* übersetzten anderen Sprache anzeigen lassen kann. Auch das »Befragen« eines Textes ist denkbar, so als ob man einen kompetenten Leser über seine Erkenntnisse nach Lektüre dieses Textes interviewen würde (sogenannte textbasierte *Question-Answering*-Systeme). Auf der Seite des hybriden Schreibens ist mit den Korrektur- und Wortvorschlagssystemen erst der Anfang dessen zu erkennen, was in den nächsten Jahren noch folgen wird. Die Unterstützung des Schreibens wird immer stärker in den Formulierungsprozess eingreifen, wenn etwa Paraphrasen oder besser passende Wörter vorgeschlagen werden. Auch das Schreiben in der Fremdsprache soll durch Assistenzsysteme vereinfacht werden: Eine Mischung aus digitalem Wörterbuch, maschineller Übersetzung, Formulierungshilfen und Korrektursystemen wird es auch nicht sehr geschulten Sprechern einer Fremdsprache erlauben, nicht nur fehlerfreie, sondern auch sprachlich differenzierte, komplex formulierte Texte zu erstellen.[80]

Das *World Wide Web*, ein Schriftmedium

Die dritte Erscheinungsweise des Computers, die Wolfgang Coy nennt, ist die des Mediums. Der entscheidende Schritt dazu geschah Ende der 1980er Jahre in Genf. Dort – genauer: am CERN, einem der faszinierendsten Forschungslabore der Welt – arbeiten mehr als 3000 Menschen im Auftrag von 20 europäischen Staaten daran, den physikalischen Aufbau der Materie und somit des Universums zu untersuchen. In einem fast 27 Kilometer langen kreisförmigen Beschleuniger werden Elementarteilchen aufeinander geschossen, um aus den Kollisionen etwas über ihre Bestandteile und zu den Kräften, die auf sie wirken, zu erfahren. Riesige Datenmengen fallen dabei an, Berge von Dokumentationen zu den verschiedenen Experimenten und Tausende von wissenschaftlichen Aufsätzen, in denen Forschungsergebnisse publiziert werden. 1989 saß im zweiten Obergeschoss von Gebäude 31 des CERN ein britischer Ingenieur, Tim Berners-Lee, 33 Jahre alt, der darüber nachdachte, wie man das Problem der Handhabung dieser Informationsflut lösen könnte.[81]

Er hatte damals die Idee, das inzwischen in der Forschung gut etablierte Internet mit der Vernetzung von

Texten durch Hyperlinks, dem Prinzip des »Hypertexts«, zusammenzubringen. Texte, die auf Internet-vernetzten Computern lagen, sollten durch Hyperlinks miteinander verbunden werden. Wird ein solcher Text auf dem Bildschirm angezeigt, sollte ein Klick auf einen Link zu einem anderen Text genügen, damit dieser über das Internet angefordert und als Nächstes angezeigt wird. Im März 1989 verfasste Berners-Lee einen Projektantrag, der ein solches System beschrieb. Zunächst sollte es »Information Mesh« oder »Mine of Information« heißen, doch Berners-Lee entschied sich dann für »World Wide Web« als Namen.

Ende 1990 waren alle Komponenten in rudimentärer Form entwickelt, und die erste Web-Seite konnte online gehen.[82] Am 6. August 1991 veröffentlichte Berners-Lee sein System und überließ die Software der Informatik-Community zur freien Nutzung. Der Rest ist Geschichte: die explosionsartige Ausdehnung des Web, seine Kommerzialisierung und die »Dot-Com-Blase« um 2000, das Web 2.0, das mobile Web, heute das überall verfügbare Massenmedium, das alle anderen Medien in sich aufgesogen hat. Seitdem vollziehen sich Lesen und Schreiben im Netz. Die Inhalte sind durch Hyperlinks miteinander verwoben, verbunden sind aber auch die Leser und Schreiber selbst, die ihr Tun mit anderen abstimmen können, in Echtzeit und unabhängig davon, wo sie sich gerade aufhalten. Das Web ist zu einem weltumspannenden Medium geworden.

Die Texte, die für dieses neue Medium geschrieben und in ihm gelesen wurden, orientierten sich zunächst an schon existierenden Textsorten wie dem persönlichen Lebenslauf, der Titelseite einer Zeitung, der Info-Broschüre von Firmen oder dem Organigramm von Behörden. Dann aber setzten sich in einer Art kulturellem Evolutionsprozess nach und nach solche Textgestaltungen durch, die besser als ihre Vorläufer aus vordigitaler Zeit an die Bedingungen des Web angepasst waren. So entstanden die persönliche Homepage, das Nachrichten-Portal, die Web-Präsenz von Firmen und die Service-Seiten von Behörden als eigenständige Textsorten, die es vorher in dieser Form noch nicht gegeben hatte.

Und dieser Prozess ist noch immer in vollem Gange, weil sich auch die technischen Möglichkeiten des Web seit seinen Anfängen enorm weiterentwickelt haben. Seiten von sozialen Medien wie die von Facebook oder Twitter erfüllen einen Kommunikationsbedarf, den es ohne das Web überhaupt nicht gegeben hätte. Das Aufkommen von Smartphones um das Jahr 2007 herum hat den Informations- und Kommunikationsangeboten im Web nochmals einen Impuls in eine andere Richtung gegeben, hin zu mobilen Anwendungen mit intelligenten Tastaturen auf kleinen Displays. Wir sind Zeugen eines rasanten Wandlungsprozesses textbasierter Kommunikationsformen, der sich seit 25 Jahren vor unseren Augen vollzieht.

Für die Sprachwissenschaft ist es besonders interessant zu beobachten, wie im Zuge dieser Entwicklung ganz neue Kommunikationsformen entstehen. Der Chat war eine der ersten dieser neuen Formen, Chat-Anwendungen gab es sogar schon vor dem World Wide Web. Deshalb sind Sprache und Kommunikationsstruktur im Chat sehr gut untersucht, was sich auch auf Weiterentwicklungen wie die Short-Messaging-Dienste der sozialen Netzwerke übertragen lässt.[83] Beispiele für weitere Web-basierte Kommunikationsformen sind Blogs, Microblogs wie etwa Twitter, Webforen oder kollaborativ verfasste Wiki-Texte wie Wikipedia.

Das Besondere all dieser Kommunikationsformen besteht darin, dass sie sich ausschließlich im Web »ereignen« und deshalb zugleich einen kompletten Diskurs, also die in sich abgeschlossene Kommunikation zu einem bestimmten Thema oder aus einem bestimmten Anlass, vollständig dokumentieren. Dies unterscheidet einen Online-Diskurs etwa von dem direkten Gespräch einer Gruppe von Menschen, denn darin gibt es immer Ereignisse von kommunikativer Relevanz, die nicht vollständig erfassbar sind. Dies können bei einem Gespräch etwa die Blicke und die Mimik der Beteiligten sein, redebegleitende Gestik oder nicht aufzuklärende akustische Überlagerungen von Gesprächsbeiträgen.

Auch bei dieser dritten Erscheinungsweise des Computers als Medium wird nicht auf die beiden zuvor etablierten verzichtet. Bei der vernetzten Kommunikation wird der Computer zugleich auch als ein Werkzeug verwendet, das die Integration unterschiedlicher Medien mit einfachen Mitteln vorzunehmen erlaubt. Man kann dies etwa an den Beiträgen sozialer Netzwerke wie Facebook, Instagram oder Twitter sehen, in denen der reine Text oft mit Bildern, Videos oder Emoticons kombiniert wird. Und natürlich bleiben dem Computer als Medium auch die Möglichkeiten der Automatisierung erhalten: beispielsweise das Suchen von Personen und Inhalten, die Berechnung von »Likes« und »Scores« unterschiedlichster Art, die maschinelle Übersetzung von Tweets oder die statistische Auswertung von Aktivitäten in einem sozialen Netzwerk.

Die Erforschung von Sprache: digital und vernetzt

Drei Entwicklungsstufen haben wir in den vorangegangenen Abschnitten betrachtet, die heute alle vereint in Erscheinung treten. Der Computer entsteht mit der programmgesteuerten Durchführung von Rechenprozessen als Automat – als Sprachautomat, wenn digitalisierte Sprache Gegenstand der Verarbeitung ist. Durch die Integration unterschiedlicher Medien entwickelt er sich weiter zu einem interaktiven Werkzeug des Lesens und Schreibens, und aufgrund der Vernetzung einer großen Anzahl von Computern hat sich ein neues Medium der Schrift etabliert.

Was bedeutet das nun für die Erforschung von Sprache? Es gibt zweierlei Auswirkungen: auf die Methodik und auf den Gegenstand Sprache selbst. In methodischer Hinsicht wird die Sprachforschung durch Verwendung des Computers als Automat *maschinell unterstützt*. Damit ist erstens gemeint, dass die Untersuchung sprachlicher Daten nicht mehr nur durch den forschenden Menschen allein, sondern im Zusammenspiel mit der Maschine geschieht. Bei einer solchen hybriden Erforschung von Sprache kombiniert der Mensch seine intellektuellen Analysefähigkeiten mit der Fähigkeit des Computers, schnell in großen Datenmengen quantitative Auswertungen vornehmen zu können.

Dabei wird der Computer, zweitens, als Werkzeug verwendet. Automatische Auswertungsverfahren kommen *interaktiv* zur Anwendung, integriert in den Forschungsprozess und unterstützt durch die Möglichkeiten der Visualisierung von Analyseergebnissen. Und drittens bezieht sich die Sprachwissenschaft auf den Computer als Medium und betrachtet Kommunikationsprozesse, die im Internet realisiert sind. Weil derartige Kommunikationsprozesse grundsätzlich *vollständig* dokumentierbar sind, können sie exemplarisch auch für die Untersuchung von Kommunikation überhaupt herangezogen werden. Der Computer verändert die linguistische Forschung also in Hinsicht auf eine maschinell unterstützte, interaktive und auf Vollständigkeit abzielende Herangehensweise.

Die Auswirkungen auf den Gegenstand, das zu untersuchende sprachliche Material, lassen sich ebenfalls auf die drei technologischen Entwicklungsschritte der Digitalisierung zurückführen. Die Automatisierung des Umgangs mit Texten, sowohl bezüglich ihrer Publikation im Web als auch bezüglich ihrer Erfassung und Aufbereitung, erlaubt es, *Sammlungen* zu erstellen. Sammlungen bilden in ihrer sprachwissenschaftlichen Gestalt als Korpora oder Sprachdatenbanken die Grundlage für maschinelle Untersuchungen, denn für eine vollständige Analyse durch den Menschen sind sie meistens zu groß. Oftmals überschreitet schon der Aufwand bei ihrer Erstellung das, was Menschen zu leisten imstande wären.

Die Medienintegration, die der Computer ermöglicht, führt zu einer Konjunktur von *Textflächen,* die außer aus sprachlichen Zeichen auch aus Zeichen anderer Art bestehen. Auf der zweidimensionalen Fläche treten die verschiedenen Zeichen zueinander in Beziehung und konstituieren eine übergreifende Bedeutung. In der Kommunikation unter Anwesenden werden dabei Flächen zu dreidimensionalen *Räumen* erweitert.

Und schließlich bewirkt die Vernetzung von Computern die Entstehung eines *Gewebes* aus Texten und, als Folge davon, sozialen Geweben von Nutzern dieser Texte als Schreibern und Lesern. Sammlungen, Flächen, Räume und Gewebe sprachlicher Objekte gab und gibt es zwar auch ohne Digitalisierung und Vernetzung, jedoch weniger umfangreich und wesentlich schwerer, möglicherweise gar nicht in großer Menge analysierbar. Sammlungen bilden die Materialgrundlage für jede sprachwissenschaftliche Untersuchung, und Sammlungen können auch Sammlungen von Texten sein, die als Flächen oder Räume von Zeichen in Erscheinung treten oder zu einem Gewebe verbunden sind.

In den folgenden drei Kapiteln werden wir uns Sammlungen, Flächen, Räume und Gewebe als Gegenstände der sprachwissenschaftlichen Forschung genauer ansehen. Dabei wird es nicht nur um diese Gegenstände und die damit verbundenen Methoden ihrer Erforschung gehen, sondern auch um die neuen Facetten des Bildes von Sprache, die sie aufscheinen lassen: das quantitative, das physische und das kommunikative Bild der Sprache.

5
Sammlungen – das quantitative Bild

Die erste digitale Textsammlung, die für wissenschaftliche Zwecke erstellt wurde, geht auf einen italienischen
Jesuitenpater zurück. Der kurz vor dem Ersten Weltkrieg
geborene Roberto Busa hatte sich 1946 in seiner Disser-
tation mit der Terminologie Thomas von Aquins befasst.
Nachdem Busa von den ersten funktionstüchtigen Computern gehört hatte, setzte er sich in den Kopf, diese für
die vollständige Erfassung und maschinelle Analyse des
Werkes dieses mittelalterlichen Philosophen und Theolo-
gen einzusetzen, Texte im Gesamtumfang von neun Millionen Wörtern. Ab 1949 bekam er in direkter Zusammen-
arbeit mit dem legendären Gründer der Firma IBM Thomas J. Watson die Gelegenheit dazu. Der 30 Jahre später
in 56 gedruckten Bänden erschienene *Index Thomisticus* ist
das Ergebnis dieser Arbeit, das heute auch im Web abge-
rufen werden kann.[84]

Computer sind gut dafür geeignet, Sammlungen anzu-
legen und zu verwalten. Handelt es sich um Daten beliebiger Art, spricht man von Datenbanken, geht es um Texte,

so ist von Korpora die Rede. Ein Korpus ist eine Sammlung von Texten, die aus wissenschaftlichem Interesse angelegt wird. Es gibt aber auch Textsammlungen, die aus anderen Gründen zusammengestellt werden. Das Ergebnis einer Google-Suche ist ja eine Seite mit Links auf Texte im Web, kann also als eine Textsammlung angesehen werden, die nach inhaltlichen Gesichtspunkten von der Suchmaschine erstellt wurde. Auch Zeitungen und andere Periodika, Sammelbände oder Lexika können als Textsammlungen verstanden werden. All diese verschiedenen Arten von Textsammlungen, auch die für wissenschaftliche Zwecke, gab es natürlich längst vor dem Computer. In allen Bereichen vereinfachte es sich durch Digitalisierung und Vernetzung jedoch sehr, Textsammlungen zu erstellen, zu verwalten und auszuwerten. »Google News« beispielsweise, ein sogenannter News-Aggregator, stellt automatisiert Nachrichtentexte aus anderen Online-Quellen zu einer Art Internet-Zeitung zusammen und präsentiert diese dem Nutzer in kategorisierter, übergreifend durchsuchbarer und personalisierbarer Form. Wikipedia, ein zweites Beispiel, hat als ein Internet-basiertes, kollaborativ erarbeitetes Lexikon redaktionell verfasste Enzyklopädien traditioneller Verlage fast vollständig verdrängt.

Wissenschaftliche Textsammlungen sind keineswegs nur für die linguistische Forschung interessant. In jeder textorientierten Geistes- oder Sozialwissenschaft werden Korpora verwendet, ob es sich um Literatur- oder Geschichtswissenschaft, Philosophie oder Theologie, Rechts- oder Wirtschaftswissenschaft, Pädagogik oder Didaktik handelt. Auch auf der infrastrukturellen Ebene der Wissenschaft werden Textsammlungen angelegt, in Archiven und Bibliotheken. All dies geschieht bereits seit langer Zeit – heutzutage allerdings mit maschineller Unterstützung, interaktiv und in einem die Möglichkeiten von Menschen überschreitenden Umfang. In der Linguistik wurden Korpora als Belegsammlungen für die sprachhistorische Forschung seit dem 19. Jahrhundert systematisch angelegt, und auch die in dieser Zeit entstehenden Wörterbücher beziehen Belege für Wortverwendungen oftmals aus literarischen Quellen in die Beschreibung der Lemmata ein.[85] Später kamen über die Dialektologie auch soziolinguistische und über die Spracherwerbsforschung psycholinguistische Korpora hinzu.

Was wird gesammelt, und wie?

Einer der wesentlichen Vorteile digitaler Korpora besteht darin, dass sie automatisiert erstellt werden können. Dies bedeutet, dass die Auswahl der in das Korpus aufzunehmenden Texte nicht durch einen Menschen vorgenommen wird, sondern durch den Rechner, oder der Rechner dem Menschen zumindest Vorschläge dafür unterbreitet. Ein Korpus etwa, das zusammengestellt wird aus Texten, die nach einer Recherche per Suchmaschine im Internet aufgefunden wurden, kombiniert die schnelle, unreflektierte Suche des Computers mit der bewertenden, aber langsamen Auswahl des Menschen. Die automatisierte Suche vollzieht sich in diesem Fall in einem interaktiven Modus zwischen Mensch und Maschine.

Auch wenn eine Forscherin oder ein Forscher jeden einzelnen Text selbst auswählt, um ihn einem entstehenden Korpus zuzuordnen, geschieht dies in Interaktion mit dem Computer. Handelt es sich, wie gewöhnlich, um einen digital verfügbaren Text, sind zur korpusgerechten Aufbereitung verschiedene Arbeitsschritte zu durchlaufen:[86] Der Text muss in das im Korpus gebräuchliche Textkodierungsformat konvertiert werden, gegebenenfalls müssen Layout-Merkmale wie Seitenumbrüche, spezielle Aufzählungszeichen oder grafische Elemente entfernt, typografische Eigenschaften im Text, etwa Hervorhebungen, vereinheitlicht werden. Darüber hinaus können verschiedene »Anreicherungen« vorgenommen werden: Auszeichnung von Wortarten, Namen von Personen, Orten, Daten, Institutionen oder tiefergehende linguistische Analysen wie die grammatische Struktur ganzer Sätze. Für all diese Vorverarbeitungsaufgaben gibt es Software-Werkzeuge, mit deren Hilfe sie sich automatisiert (wenn auch nicht fehlerfrei) erledigen lassen.

Besonders interessant ist das andere Ende der Skala: die vollautomatische Erstellung eines Korpus. Dies ist immer dann möglich, wenn klar festgelegt werden kann, unter welchen Bedingungen ein automatisiert aufzufindender Text dem Korpus zugeordnet werden soll. Für periodisch aktualisierte Angebote oder Nachrichtenportale wie FAZ. NET oder Spiegel Online lässt sich das recht leicht festlegen: Entweder werden alle Texte abgegriffen oder nur

Texte einer bestimmten inhaltlichen (Politik, Sport, Kultur) oder formalen Kategorie (Leitartikel, Kolumne). Ein solches dynamisches, täglich aktualisiertes Korpus liegt beispielsweise dem »Deutscher Wortschatz«-Portal der Universität Leipzig zugrunde.[87] Mithilfe dieses Korpus, das sich vorwiegend aus Nachrichtentexten speist, werden zu aktuell besonders häufig vorkommenden Namen oder Themen »Wörter des Tages« berechnet, deren »Konjunktur« auch im zeitlichen Verlauf betrachtet werden kann.

Derartige hochdynamische Korpora spielen allerdings in der Linguistik keine sehr große Rolle, da das Korpus aus Gründen der Nachvollziehbarkeit und Wiederholbarkeit der statistischen Auswertung unveränderlich sein muss. Hinzu kommt, dass auch die Zusammensetzung des Textbestandes im Korpus ausgewogen sein sollte, damit keine zufälligen Häufungen von Texten mit bestimmten Eigenschaften ein verzerrtes statistisches Bild ergeben.

Wenn beispielsweise die eigenen Politik-Redaktionen lokaler Tageszeitungen aufgelöst werden und Zentralredaktionen, zuständig für die Versorgung ganzer Zeitungsgruppen, deren Arbeit übernehmen, verringert sich die sprachliche Vielfalt, ohne dass dies klar erkennbar wäre. Alle betroffenen Tageszeitungen publizieren auch weiterhin ihre Politik-Artikel, aber anders als zuvor, als diese noch von vielleicht 50 verschiedenen Journalisten verfasst worden waren, ist jetzt nur noch ein einziger als Autor oder Autorin vermerkt – und bringt den persönlichen sprachlichen »Fingerabdruck« in die Texte ein.

In Referenzkorpora für die deutsche Sprache, etwa

dem »Deutschen Referenzkorpus DeReKo« des Instituts für Deutsche Sprache[88], das Mitte 2018 mehr als 40 Milliarden Wörter umfasste, wird deshalb minutiös darauf geachtet, dass nicht aufgrund der Textauswahl und spezifischer Texteigenschaften Verzerrungen entstehen. Trotzdem wird auch damit nicht »die« Sprachverwendung des Deutschen dokumentiert, sondern die Verwendung in Teilbereichen, etwa in Zeitungen, Literatur, Sachtexten, und dies zu bestimmten Zeiten der Gegenwart und der jüngeren Vergangenheit.

Dies macht deutlich, dass auch die Dimension der Zeit beim Aufbau von Korpora zu berücksichtigen ist. Sprache wandelt sich ständig, und wenn man die Sprache der Gegenwart dokumentieren will, muss man sich darüber im Klaren sein, dass auch in einem Korpus, das Texte aus zwanzig Jahren umfasst, dieser Wandel festzustellen sein wird. In historischen Korpora, die den Sprachwandel untersuchbar machen wollen, wird die Zeitgebundenheit der Texte zum grundlegenden Prinzip erhoben. Dabei ist dann nicht nur darauf zu achten, dass eine gewisse Ausgewogenheit der Korpustexte erreicht wird, sondern dass diese Ausgewogenheit möglichst auch für alle »Zeitscheiben«[89] des Korpus gilt. Die einzelnen Texte müssen dazu einen Zeitstempel aufweisen, der ihre Entstehungszeit möglichst präzise angibt. Die Texte eines Zeitintervalls von etwa zehn Jahren können in einem historischen Korpus dann zu einer Zeitscheibe zusammengefasst werden.

Für das Neuhochdeutsche liegen mehrere ausgewogene historische Korpora vor. Das Projekt »Deutsches

Textarchiv« erfasst Buchpublikationen vom 16. bis zum frühen 20. Jahrhundert[90], das mit grammatischen Strukturinformationen versehene »GerManC«-Zeitungskorpus den Zeitraum zwischen 1650 und 1800[91]. Das Institut für Deutsche Sprache bietet ebenfalls ein Archiv historischer Korpora an.[92] Gegenwärtig entsteht zudem an den Universitäten Gießen und Kassel ein Referenzkorpus für das Neuhochdeutsche des 17. bis 19. Jahrhunderts.[93]

Neben den Textkorpora spielen auch Korpora gesprochener Sprache inzwischen eine wichtige Rolle. Wurden in frühen Erhebungen nur einzelne Testsätze von Versuchspersonen aufgenommen, um damit Merkmale und Verbreitung von Dialekten zu untersuchen, handelt es sich heute um vollständige Gespräche, die per Video aufgezeichnet und unter Berücksichtigung der Besonderheiten gesprochener Sprache transkribiert, das heißt verschriftlicht, werden. Am Institut für Deutsche Sprache in Mannheim etwa existiert mit dem »Archiv für gesprochenes Deutsch« eine umfangreiche Sammlung von Sprachdaten.[94] Hier sind unter anderem die deutschen Mundarten und die deutschen Umgangssprachen erfasst, die Mundarten der ehemaligen deutschen Ostgebiete, das Emigrantendeutsch in Israel und verschiedene ältere Gesprächskorpora. Derzeit wird das Archiv mit dem »Forschungs- und Lehrkorpus gesprochenes Deutsch« (FOLK)[95] weiter ausgebaut. Diese Korpora der gesprochenen Sprache bilden eine wichtige Ergänzung zu den schriftsprachlichen Korpora, weil sich nur darin die Spezifika dieses eigenständigen sprachlichen Teilsystems zeigen.

Wir befinden uns heute in einer Situation, in der die mündliche Sprachverwendung bereits seit etwa 70 Jahren dokumentiert ist – und zwar durch Aufzeichnungen historischer Radio- und Fernsehsendungen. Mit diesem Material besteht erstmals die Möglichkeit, Sprachwandel auch im sprechsprachlichen Bereich anhand von Daten nachzuvollziehen. Auch dabei spielt uns die Digitalisierung in die Hände. Auf Youtube etwa finden sich Hunderte Stunden historischer Fernseh-Aufzeichnungen, die für die Erforschung des Wandels der gesprochenen Sprache in jüngerer Zeit herangezogen werden können. Bei Youtube gibt es mittlerweile eine Funktion, mit der es möglich ist, sich die sprachlichen Äußerungen als Untertitel oder als laufendes Transkript anzeigen zu lassen.[96] Es handelt sich um vollautomatisch erstellte Transkripte in einer Qualität, wie sie noch vor drei bis fünf Jahren undenkbar gewesen wäre.

Das erste digitale Korpus, aus dem Roberto Busa den *Index Thomisticus* berechnet hat, war ein statisches Korpus historischer Texte: Es enthielt sämtliche bekannten Werke Thomas von Aquins. Wie in jedem Korpus ist auch bei diesem Korpus von entscheidender Bedeutung, dass die einzelnen Texte mit Metadaten angereichert sind, die über die spezifischen Merkmale und Eigenschaften der Texte Auskunft geben. Erst die Metadaten stellen sicher, dass die in den Korpora gefundenen sprachlichen Phänomene mit bestimmten Zeiten und Verwendungszusammenhängen in Verbindung gebracht werden können. Busas Korpus war aber nicht nur statisch, sondern auch vollständig,

jedenfalls nach dem seinerzeit aktuellen Überlieferungs-
stand der Texte Thomas von Aquins. Die Möglichkeit, Vollständigkeit beim Aufbau eines Korpus zu erzielen, ist ein
weiterer prinzipieller Vorteil digitaler Textkorpora.

Nun ist es natürlich vergleichsweise einfach, ein vollständiges Korpus der Texte eines bereits verstorbenen Au-
tors zu erstellen. Auch vollständige Zeitungs- oder Zeit-
schriftenkorpora oder sonstige aufgrund von Herausgeber-
schaft und zeitlicher Abgrenzbarkeit klar zu umreißenden
Korpora gibt es in großer Zahl. Etwas anderes ist es hingegen, Vollständigkeit in noch größeren, weniger klar ab-
grenzbaren Bereichen zu erzielen. Doch selbst derartige
Korpora rücken in den Bereich des Möglichen: Google digi-
talisiert unter dem Namen »Google Books« seit Jahren den
in Bibliotheken verfügbaren Buchbestand, um ein gewal-
tiges Korpus aller jemals gedruckten Bücher aufzubauen.

Auch das *World Wide Web* selbst kann unter bestimmten
Bedingungen als ein Korpus angesehen werden. Unter dem
Schlagwort »Web as Corpus« werden einerseits die Spezifika der Sprachverwendung in diesem Medium untersucht,
andererseits aber auch die Bedingungen, unter denen man
das Web selbst als ein Korpus nutzen kann.[97] Das zentrale Problem ist dabei die große Dynamik, der das Web
unterliegt, sie muss durch »Schnappschüsse«, die auch
einer nachträglichen Überprüfbarkeit korpusanalytischer
Untersuchungen dienen, eingefangen werden.

Vollständigkeit kann inzwischen auch in einem anderen Bereich erzielt werden: Es ist nicht ausgeschlossen,
für frühere Epochen sämtliche bekannten Texte in einem

Korpus zu erfassen. Manche historische Sprachstadien lassen sich vollständig in Korpora dokumentieren, wie es etwa für das Althochdeutsche[98] oder große Teile des altgriechischen Textbestands[99] geschehen ist. Aber auch hier scheint die Grenze noch nicht erreicht zu sein: Wenn es der NSA möglich sein soll, die gesamte Kommunikation im Internet zu scannen und nachrichtendienstlich auszuwerten, dann bedeutet das auch, dass schon heute eine Technologie dafür existiert, vollständige Echtzeit-Korpora für aktuelle Online-Texte aufzubauen. Es ist vielleicht nicht wünschenswert, bei der Verwirklichung korpuslinguistischer Visionen so weit zu gehen, doch der Vollständigkeitsanspruch in der Zusammenstellung von Korpora scheint heute auch für die gegenwärtige Sprachverwendung prinzipiell keine Schimäre mehr zu sein.

In einem ganz anderen Bereich ist diese Vision mittlerweile Realität: dem kindlichen Spracherwerb. Die *LENA Research Foundation*[100] hat einen kleinen Sprachrekorder entwickelt, der in der Lage ist, das Sprachverhalten von Kleinkindern volle 24 Stunden aufzuzeichnen. Zusammen mit diesem Rekorder vertreibt die Firma sogar darauf abgestimmte Kleidung, die geeignete Taschen zur Aufnahme des robusten, kleinen Geräts aufweisen. Mit diesem Gerät ist es nun tatsächlich möglich, *jedes* Wort, das ein Kind im Laufe des Spracherwerbs hört oder selbst spricht, aufzuzeichnen und somit diesen immer noch nicht vollständig verstandenen Prozess in seiner Gesamtheit zu erforschen.

Wie Sprachkorpora ihre Geheimnisse preisgeben

Was erfahren wir aus Korpora über Sprache? Was wir jedenfalls nicht erfahren, sind sprachliche Regeln. Korpora enthalten lauter Einzelbeispiele – ob Wörter, Sätze oder Texte – für die Verwendung von Sprache, und keines der Beispiele ist zunächst einmal »typischer« als andere. Korpora spiegeln den Sprachgebrauch realer Menschen (und zunehmend auch den von Maschinen) wider mit all ihren Eigenarten und Unzulänglichkeiten – das Allgemeine, Regeln, den Sprachgebrauch von Chomskys »idealem Sprecher-Hörer«[101] finden wir hier nicht. Diese Herangehensweise wird deshalb auch als »gebrauchsbasiert« (engl. *usage-based*) bezeichnet.

Vielfalt wird nicht durch Regelwerke erschlossen, sondern durch Statistik.[102] Grundlegend für eine statistische Analyse ist das Zählen. In Korpora kann vieles gezählt werden: Wörter, Wortfolgen, Sätze, Texte. Bestimmte Wörter in Wortfolgen, Sätzen, Texten. Bestimmte Wortfolgen in Sätzen, Texten und so weiter. Werden die ermittelten Zahlen dieser Einheiten in Beziehung gesetzt zu der Gesamtheit der Einheiten im Korpus überhaupt, dann ergeben sich (relative) Frequenzen, die üblicherweise als Prozentwerte pro eine Million Korpuseinheiten (meist Wörter) angegeben werden.

Mit derartigen Zählungen lassen sich schon ganz erstaunliche sprachliche Eigenschaften ermitteln, etwa die Verteilung von Wörtern in Texten. Diese folgt nämlich dem Zipfschen Gesetz, nach dem sich die Frequenz eines

Wortes umgekehrt proportional verhält zu seinem Rang in der sortierten Wortliste.[103] Das häufigste Wort kommt dabei zum Beispiel doppelt so häufig vor wie das zweihäufigste, dieses wiederum doppelt so häufig wie das dritthäufigste und so weiter. Stellt man für bestimmte Gruppen von Wörtern derartige Listen auf und vergleicht diese etwa in Korpora unterschiedlicher Zeitstufen, dann lassen sich erhebliche Verschiebungen im Wortschatz registrieren. Während etwa im Gegenwartsdeutsch als Einleitung einer direkten oder indirekten Rede vor allem die Verben (in dieser Reihenfolge) *sagen, erklären* und *meinen* verwendet werden, waren es im Frühneuhochdeutschen zu Beginn des 15. Jahrhunderts *sprechen, schreien* und *sagen*.[104]

Ein nächster Schritt besteht darin, Mehrwortfolgen zu zählen. Dies können Folgen von zwei Wörtern (die sogenannten Bigramme), drei Wörtern (Trigramme) oder beliebig vieler Wörter (n-Gramme) sein. Anders als mit reinen Worthäufigkeiten lassen sich anhand der Verteilung von Bi- und Trigrammen schon grundlegende Kombinationsmuster einer Sprache und die sprachlichen Besonderheiten eines Textes erkennen. Für das Deutsche liegen typischerweise Abfolgen von Präpositionen und Artikeln wie *in der* ganz vorne in der Rangliste von Bigrammen, und zwar in allen Arten von Korpora. Betrachtet man inhaltstragende Wörter wie Adjektiv-Nomen-Bigramme, dann kann man daraus bereits Rückschlüsse auf den Inhalt eines Textes ziehen. Der »Google Ngram Viewer« überträgt dieses Prinzip auf das historische Korpus der von Google digitalisierten Bücher: Hier kann man sich die Dynamik von n-Grammen im historischen Verlauf ansehen und dabei die »Konjunktur« von Wortfolgen wie *Kalter Krieg* oder *wegen dem* ansehen.[105]

So abstrakt die Bi- und Trigramm-Analyse vielleicht erscheint, so wichtig ist sie in der Praxis: Jedes Smartphone verfügt bei der Tastatureingabe über die Funktionen der Wortvervollständigung und des Wortvorschlags. Wenn man etwa auf der Tastatur gerade das Wort *Lieber* eingegeben hat und vom nächsten Wort nur ein P, werden einem (sofern eingeschaltet) über der Tastatur drei Wortvorschläge angezeigt, die mit P beginnen und zusammen mit *Lieber* ein häufig vorkommendes Bigramm bilden: *Peter, Paul* und *Philipp* beispielsweise.

Haben wir nun das Wort *Peter* ausgewählt und so in den Text eingefügt, kommt die Wortvorschlagsfunktion zum Tragen. Denn nicht nur nach bereits eingegebenen Buchstaben wird uns ein vollständiges Wort angezeigt, sondern auch nach Abschluss einer Worteingabe. Nach *Lieber Peter* und einem Komma wird uns dann etwa *ich* angeboten, ein Wort, das besonders häufig an dritter Position in Trigrammen vorkommt, die an erster Position *Lieber* und an zweiter *Peter,* stehen haben.

Interessant ist nun, wo die statistischen Informationen zu Bi- und Trigrammen herkommen, die in unserem Smartphone ihre unterstützende Arbeit beim Schreiben verrichten. Zwar sind die Tastatur-Apps mit Statistiken aus allgemeinen Textkorpora ausgestattet, richtig gut werden die Wortvervollständigungs- und -vorschlagsfunktionen allerdings erst, wenn die Formulierungsgewohnheiten des Benutzers analysiert werden. Dazu greift die Tastatur-App auf möglichst viele seiner Texte zurück: E-Mails, Kurznachrichten, Facebook-Posts, Tweets und Sonstiges. All diese Texte bilden eine Art persönliches Korpus, aus dem die Schreibgewohnheiten als ein individuelles Sprachprofil hervorgehen.

Aus einer übergeordneten Perspektive betrachtet, stellen die Häufigkeitsanalysen einzelner Wörter und von n-Grammen unterschiedliche Stufen einer zunehmenden Kontextberücksichtigung dar. Während das Zählen eines einzelnen Wortes gar keinen Kontext berücksichtigt, kann man die Zählung von Bigrammen auch so angehen, dass man nur die Wörter zählt, die im Kontext vor oder nach einem gegebenen Wort erscheinen. Bei Trigrammen wächst dieser Kontext auf zwei Wörter an.

Wenn man sich nun von der direkten Abfolge der Wörter verabschiedet und als Kontext zum Beispiel ein Fenster von fünf Wörtern links und rechts um ein Bezugswort versteht, haben wir die Analyse beliebiger »Kookkurrenzen« erreicht. Dabei fragt man danach, wieviele Wörter in diesem Fenster in einem Abstand von ein, zwei, drei, vier oder fünf Wörtern vor oder hinter dem Bezugswort erscheinen. Die Häufigkeitszählung von Wörtern erfolgt also nicht für ganze Texte, sondern nur für die jeweiligen Fenster um die Wörter im Text herum.

Die Listen, die man dabei erhält, kann man nun untereinander vergleichen: Gibt es bestimmte Wörter, die im Kontext eines Bezugsworts häufiger vorkommen, als es deren

Häufigkeit im Korpus überhaupt erwarten ließe? Was ergibt sich bei einer solchen Auswertung, wenn wir von dem Bezugswort nur nach links oder nur nach rechts schauen? Wie sieht die Verteilung der Kontextwörter in unterschiedlichen Zeitschnitten eines historischen Korpus aus?

Je komplexer diese Fragestellungen werden – und es sind nahezu beliebige Kombinationen von Fragestellungen denkbar –, desto größer wird die Bedeutung der Statistik, genauer: der induktiven Statistik. Damit ist in diesem Zusammenhang gemeint, dass bei Vergleichen von Häufigkeiten immer zu berücksichtigen ist, dass in quantitativen Auswertungen auch der Zufall eine gehörige Rolle spielen kann. Zwar kann dieser durch Statistik nicht verringert werden, man kann aber zumindest eine Schätzung vornehmen, in welchem Maße der Zufall bei einem auffälligen Ergebnis ins Spiel gekommen sein könnte.

Für derartige statistische Untersuchungen benötigt man nichts anderes als die Wörter in den Texten der Korpora. Die sprachlichen Daten sind dabei gewissermaßen in einem Urzustand, in den keinerlei Deutung oder Analyse eingeflossen ist. Großen Nutzen ganz anderer Art kann man aber aus Korpora ziehen, die eine Vorverarbeitung durchlaufen haben und dabei mit Zusatzinformationen angereichert wurden. Bei der Analyse von Kookkurrenzen können allein schon dadurch weitreichendere Ergebnisse erzielt werden, dass die Wörter im Korpus mit Angaben zu ihrer Wortart versehen sind.

Ein solches *Part of Speech Tagging* erfordert eine Liste

von dabei anzusetzenden Wortarten und eine gleichbleibende Notation, in der die Wortarten – am besten in verkürzter Form – mit den Wörtern verbunden werden. Für eine Adjektiv-Nomen-Folge kann das zum Beispiel so aussehen: <ADJ>Kalter</ADJ> <N>Krieg</N>. Derartige Zusatzinformationen in Texten nennt man »Annotationen«. Sind alle Wörter im Korpus mit solchen Markierungen annotiert (was weitgehend automatisch erfolgen kann), lassen sich nicht nur Bigramme mit konkreten Wörtern ermitteln, sondern beispielsweise auch alle Bigramme der Form »ADJ Krieg« oder sogar »ADJ N«.

Noch einen Schritt weiter geht die grammatische Analyse der Korpustexte. Mehrere Wörter werden dabei zu größeren Einheiten zusammengefasst und durch eine übergreifenden Kategorie zusammengefasst, etwa »der«, »Kalte« und »Krieg« durch die Kategorie »Nominalphrase«. Nach diesem Prinzip können auch sehr komplexe grammatische Analysen in das Korpus eingebracht werden. Bei der Untersuchung derartiger Korpora können zudem Auswertungen der grammatischen Struktur mit bestimmten Wörtern oder Wortarten verbunden werden: Wieviele Wörter weisen Nominalphrasen durchschnittlich auf? Sind solche, die mit einem bestimmten Artikel beginnen, anders aufgebaut als solche mit einem unbestimmten? Dies sind nur zwei von unendlich vielen Fragen, die man an ein grammatisch annotiertes Korpus stellen kann.

Aus Sicht der Vertreter einer »reinen« Korpuslinguistik werden mit Annotationen bereits Deutungen in einen Text eingebracht, die eine spätere Auswertung verzerren.

In der Tat ist es zweifellos so, dass Annotationen niemals völlig fehlerfrei ausfallen, selbst wenn sie überprüft worden sind. Auch die verwendeten Kategoriensysteme weisen gerade dort Unzulänglichkeiten auf, wo es linguistisch besonders interessant wird. Bei der Annotation kann diesen Bedenken Rechnung getragen werden, indem möglichst anerkannte, nicht von spezifischen theoretischen Setzungen abhängige und nicht zu eng definierte Kategorien angewandt werden.

Aus Texten treten Konstruktionen hervor

Statistische Analysen auf Korpusdaten sind kein Erkenntnisziel an sich. Die Daten müssen in einen Zusammenhang gebracht und übergreifend gedeutet werden. Frequenzanalysen von Wörtern lassen sich beispielsweise zu sogenannten Häufigkeitsklassen verdichten.[106] Anhand von Bi- und Trigrammlisten lässt sich berechnen, mit welcher Wahrscheinlichkeit auf ein Wort ein bestimmtes anderes folgt. Solche Modelle können auch als Netze dargestellt werden (mehr dazu in Kapitel 7). Eine weitere Auswertungsmethode besteht darin, signifikante Wortkombinationen zusammenzufassen, um häufig gebrauchte Wortverbindungen (Phraseologismen) zu ermitteln.[107] All diese Analysen können darüber hinaus auch für einzelne Zeitscheiben in einem historischen Korpus durchgeführt werden, so dass die Dynamik des Sprachwandels in Bezug auf diese Phänomene sichtbar wird.

Die Zusammenfassung aller Kookkurrenzen eines Wortes wird mit dem Begriff des Kookkurrenzprofils bezeichnet. Damit sind alle »Besonderheiten« erfasst, die ein Wort in seinem Umfeld aufweist, also Wörter, die häufiger in seinem Kontext erscheinen, als es statistisch im Korpus zu erwarten wäre. Man kann an einfachen Beispielen zeigen, dass durch solche Profile die Verwendung eines Wortes tatsächlich sehr genau eingrenzbar ist.[108] Welches Wort besitzt als Kookkurrenzen die Wörter *freundlich, milde, müde, zufrieden, Kamera, breit* und *verlegen?* Richtig, es handelt sich um das Verb *lächeln.*

Ein Kookkurrenzprofil kann also als die hochgradig verdichtete Dokumentation hunderter konkreter Verwendungszusammenhänge eines Wortes verstanden werden. In einem großangelegten Vergleich der Kookkurrenzprofile von mehr als 200 000 Wörtern kamen auf dieser Grundlage ganze Karten von Wörtern mit ähnlichen Profilen zustande, in denen sich erstaunlich differenziert semantische Untergruppen erkennen lassen.[109] Dies zeigt, dass man sich durch eine Verkettung rein statistischer Verfahren immer näher an die vermeintlich intuitive, von der Bedeutung geprägte Seite der Sprache heranbewegen kann.

Derartige Ergebnisse der statistischen Analyse eines Korpus lassen sich weiter verdichten. Sieht man sich die verschiedenen Positionen eines Kookkurrenzpartners eines Wortes genauer an und untersucht wiederum die Kookkurrenzen dieses Partners, lassen sich Kombinationsmuster von Wörtern finden, die häufiger vorkommende

Formulierungsschemata darstellen. Mit dem Bezugswort *rot* handelt es sich dabei um Formulierungen wie *die rote Karte zeigen, den roten Teppich ausrollen, die rote Laterne tragen, rote Zahlen schreiben* oder *den roten Faden finden/verlieren.*[110] Diese Formulierungsmuster können auch in anderen Anordnungen erscheinen, das erste beispielsweise auch als *zeigt X die rote Karte, die rote Karte wird X gezeigt* usw. Darüber hinaus sind oftmals auch Modifikationen derartiger Muster möglich, durch die sie abgewandelt werden, ohne dass die Grundbedeutung dabei zerstört wird: *eine dunkelrote Karte zeigen, die rote Karte präsentieren/vorenthalten* usw. Damit handelt es sich nicht um regelhafte, unveränderliche Festlegungen von Wortfolgen, sondern um flexiblere, durch den Gebrauch geprägte Gebilde, die als »Konstruktionen« bezeichnet werden.[111]

Im Gegensatz zu der regelbasierten Kombination einzelner Wörter und ihrer Bedeutungen zu größeren Einheiten kommt einer Konstruktion nach Auffassung der Konstruktionsgrammatiker als Ganzes eine Bedeutung zu, ohne dass sich diese aus den Bedeutungen der Teile herleiten ließe. Wenn wir also einen Satz hören wie *Merkel zeigte ihren Kritikern auf dem Parteitag die rote Karte*, dann wissen wir, dass dies nicht wörtlich zu verstehen ist, sondern dass mit »jemandem die rote Karte zeigen« gemeint ist, eine Handlung, die diese Person vollzogen hat, durch einen Ausschluss zu ahnden.

In der Konstruktionsgrammatik geht man aber noch weiter: Potentiell allen sprachlichen Mustern, die eine überzufällige Häufigkeit aufweisen, kann ein Status als Konstruktion zugesprochen werden.[112] Dies reicht von vollständigen Sprichwörtern (*Der Apfel fällt nicht weit vom Stamm.*) über schematisierte Idiome (*Was macht X Y_{Loc}?* im Sinne von *Was macht die Fliege in meiner Suppe?*) bis hin zu ganzen grammatischen Mustern (*Agens Handlungsverb Objekt Direktiv,* ausgeprägt etwa durch *Hans stellt die Vase auf den Tisch.*). Und auch für die feste Verbindung einzelner Wörter zu Phrasemen wie *um ... willen, Guten Tag* und Wortbildungen (*Ablehn-ung*) werden Konstruktionen angesetzt, die immer aus der spezifischen Kombination sprachlicher Einheiten mit einer Gesamtbedeutung bestehen. Sogar größere, über Satz und Äußerung hinausgehende Muster in Texten und Gesprächen können als Konstruktionen beschrieben werden.[113]

Die »Macht« von Konstruktionen in der Sprachverwendung ist immer dann zu erkennen, wenn sie ein unbekanntes oder unsinniges Wort in eine bestimmte Bedeutung zwingen. So können wir uns vielleicht eine Situation vorstellen, in der der Satz *Hans singt die Vase auf den Tisch.* sinnvoll sein könnte, oder wir verstehen, dass mit dem nicht existierenden Wort *Vermirrung* eine Nominalableitung – semantisch die Bezeichnung eines Handlungskonzepts – aus dem erfundenen Verb *vermirren* vorliegt. Aus konstruktionsgrammatischer Sicht ist uns dies möglich, weil die durch den wiederholten Gebrauch statistisch geprägten Konstruktionen auch eine kognitive Prägung im menschlichen Gehirn bewirken. Werden sie aktiviert, dann erzwingen sie geradezu die passende Deutung unbekannter oder sonst anders verwendeter Teile der Konstruktion.

Wie es bei der statistischen Analyse eines Korpus keinen methodischen Unterschied ergibt, ob man einzelne Wörter, Wortfolgen oder Kookkurrenzen untersucht, so gibt es auch bei Konstruktionen keine prinzipiellen Grenzen zwischen Einzelwörtern, Wortfolgen und grammatischen Konstruktionen – alles kann eine eigenständige Bedeutung tragen und bei der Bildung eines Satzes auf dessen Bedeutung einwirken. Konstruktionen muss man sich deshalb in einer hierarchischen Anordnung vorstellen, in der allgemeinere Konstruktionen spezielleren, in denen in höherem Maße konkretes Wortmaterial enthalten ist, übergeordnet sind.[114]

Damit erscheint die Organisation von Sprache auf einmal nicht mehr getrennt zu sein zwischen einer Wort- und einer Satzebene, sondern sie stellt sich dar als ein Kontinuum zwischen Wörtern, ja Wortteilen, Wortkombinationen und grammatischen Mustern. Diese sind miteinander verbunden durch die Aufgabe, gemeinsam die Bedeutung der Äußerung zu organisieren und, gesteuert durch im Gebrauch geprägte Erwartungen, so effizient wie möglich zu vermitteln. Konstruktionen bilden dabei die Brücke zwischen den statistischen Beobachtungen, die aus Korpora gezogen werden, und der Erklärung sprachlicher Formen durch Strukturen, die theoretisch fundiert und kognitiv interpretierbar sind.

Das quantitative Bild des Sprachgebrauchs

Das quantitative Bild der Sprache, das in diesem Kapitel gezeichnet wird, ist eines des Sprachgebrauchs. Keine vorgegebenen, aus idealisierter Spracherfahrung abgeleiteten Regeln wie in der Grammatiklehre der Antike und des Mittelalters, keine Regeln einer angenommenen hochabstrakten Sprachkompetenz wie in der modernen Linguistik im 20. Jahrhundert spielen darin die zentrale Rolle, sondern die Verwendung von Sprache in all ihren Facetten.[115]

Sammlungen von realen Sprachdaten erlauben es, eine Sprache wie durch einen Schnappschuss zu fixieren; die sprachliche Wirklichkeit jedoch ist flüchtig, sie verändert sich unablässig und bietet nach einiger Zeit bereits ein anderes Bild. Auch unterschiedlich zusammengesetzte Korpora führen zu unterschiedlichen Bildern, wie auch historische Schnitte ein jeweils eigenes quantitatives Bild der Sprache erzeugen. Ein stabiles Sprach*system* ist deshalb eine Schimäre und lässt sich allenfalls in der Überlagerung vieler Einzelbilder erahnen.

Mit jedem einzelnen Kommunikationsakt – jedem Satz, den wir sprechen, jedem Text, den wir schreiben – wird die Sprache als Teil eines kulturellen Evolutionsprozesses minimal verändert. Die Variabilität der Sprache und ihr beständiger Wandel dürfen aber nicht als ein Problem für die wissenschaftliche Beschreibung von Sprache angesehen werden, sondern als eine ihrer zentralen Eigenschaften. Wird sprachliche Variabilität, wie sie sich auf allen Ebenen der Sprache in Abhängigkeit von zeitlichen, räumlichen, situativen und sozialen Parametern vollzieht, nicht berücksichtigt bei ihrer Untersuchung, dann wird nicht etwa Sprache beschrieben, sondern ein idealisiertes Kunstgebilde.[116]

Eine Metapher zur Beschreibung dieses neuen, quantitativen Bildes von Sprache, die wie Chomskys Generative Grammatik auf der Vorstellung einer kunstvoll konstruierten Sprachmaschine beruht, ist deshalb kaum angemessen. Wie in einem Uhrwerk sollen darin eine Vielzahl ineinandergreifender Regeln ihre Arbeit verrichten, nicht »gestört« von den Bedingungen ihrer Verwendung in der Kommunikation. Viel besser passt zu dem gebrauchsbasierten Bild die Metapher des Gewässers, das kontinuierlich von den sich darin befindenden Lebewesen durch ihren kommunikativen Stoffwechsel in seiner Zusammensetzung verändert wird. Sprache ist damit ein Medium in einem kulturellen Ökosystem, das durch die anderen Elemente dieses Systems beeinflusst wird und diese selbst beeinflusst. Das Ökosystem selbst befindet sich nicht in einem stabilen Zustand, sondern in einem Flussgleichgewicht, das durch die beständige Zufuhr von »Kommunikationsenergie« aus einer sprachlich-kulturellen Strömung aufrechterhalten wird.

Das quantitative Bild der Sprache wird durch Konstruktionen beschrieben, die das entscheidende Bindeglied zwischen empirisch ermittelten Daten und sprachlichen Strukturen bilden. Mit dem Konzept der Konstruktion ist eine Alternative geschaffen worden zum Konzept der grammatischen Regel. Konstruktionen bilden die Varianz der Sprache weitaus besser ab als Regeln, und sie lassen sich aus dem tatsächlichen Sprachgebrauch herleiten. Zwar gibt es noch viele weiße Flächen in diesem neuen quantitativen Bild der Sprache, aber ein Anfang ist gemacht, und dieser öffnet Perspektiven für die Untersuchung der kulturellen Dynamik von Sprache, was in der Linguistik lange, zu lange in den Hintergrund getreten war.[117]

6
Flächen und Räume – das physische Bild

Mitte des 12. Jahrhunderts wurde der Text als Fläche entdeckt. »Der Autor mutierte vom Erzähler einer Geschichte zum Schöpfer eines Textes«. So formuliert es Ivan Illich in seinem Buch *Im Weinberg des Textes,* das diese erste Medienrevolution beschreibt.[118] Die Manuskripte jener Zeit wiesen auf einmal prächtig gestaltete Initialen, Verzierungen oder die farbliche Hervorhebung einzelner Buchstaben (Rubrizierungen) auf. Der Text wurde begleitet von Illustrationen, Textstellen wurden durch typografisch abgegrenzte Kommentare ergänzt, und manchmal wurden an diese weitere Kommentare angefügt, so dass sich eine komplex gegliederte Textfläche ergab. Diese Veränderungen der Texte war bewirkt worden durch den Wandel der Lesegewohnheiten: Wurden seit der Antike die Texte laut gelesen und wohl zumindest murmelnd, wenn man nur für sich las, »vergeistigte« sich das Lesen im Mittelalter zu einem rein innerlichen Vorgang. Die lautliche Seite der Sprache mit ihrer Intonation, den Betonungen und den

Pausen in der Rezitation entfiel dabei und damit auch die gliedernde Funktion, die dies auf das Verständnis des Textes hatte.

An deren Stelle traten die visuellen Mittel der Typografie. Die in jener Zeit eingeführten Wortzwischenräume lassen die Wörter optisch hervortreten, die Großschreibung stellt wichtige Wörter heraus, und die logische Struktur des Textes insgesamt wird symbolisch durch die Anordnung seiner Teile auf der Seite dargestellt. »Aus der Partitur für fromme Murmler wurde der optisch planmäßig aufgebaute Text für logisch Denkende«, schreibt Illich mit Bezug auf die Arbeit in klösterlichen Skriptorien.[119] In der Frühphase des Buchdrucks wurde versucht, die Errungenschaften der Textgestaltung in das technisch weitaus schwieriger zu handhabende Medium des Drucks zu überführen.[120] Nach und nach ging die Einbeziehung aufwändiger bildlicher oooder gestalterischer Elemente in den gedruckten Texten zugunsten der Ausdifferenzierung einfacher zu realisierender typografischer Mittel zurück.

Mit ihrer Fixierung auf die reine Sprachlichkeit, im Strukturalismus später radikalisiert zur Monomodalität, konnte die Sprachwissenschaft diese Entwicklung weder begleiten noch retrospektiv deuten. Die Erklärung der kommunikativen Funktion der Seitengestaltung war über Jahrhunderte hinweg eine *terra incognita* auf der Landkarte der Wissenschaft. Erst durch die Entstehung einer Wissenschaft von den Zeichen, der Semiotik, wurden nicht-sprachliche Kommunikate Gegenstand der Forschung.[121] Seit den 1970er Jahren wurde in der Textlinguistik mit dem Text auch das Bild im Text entdeckt[122], später noch die physische Erscheinung der Textfläche als solche, zusammenfassend bezeichnet durch den Begriff der Multimodalität.[123]

Bis vor wenigen Jahren war die Gestaltung von Textflächen, wenn sie für die Reproduktion in größerer Menge gedacht waren, von den technischen Gegebenheiten der Satz-, Layout- und Drucktechnologie und den damit verbundenen Kosten begrenzt. Erst durch das *Desktop Publishing,* die Gestaltung von Textseiten am Computerbildschirm auf der Grundlage der Möglichkeiten, die eine grafische Benutzeroberfläche bietet, konnte ein komplexes Text-Layout mit geringem Aufwand realisiert werden. Parallel dazu erwuchsen durch die Digitalisierung auch der Forschung neue Möglichkeiten bei der Untersuchung multimodaler Rezeptionsprozesse. Inzwischen hat sich die Auffassung durchgesetzt, dass Multimodalität, die Kombination unterschiedlicher Zeichensysteme in einem Kommunikat, nicht einen Sonderfall darstellt, sondern durchgängig vorhanden ist, wenn wir es mit sprachlichen Hervorbringungen, ob gesprochen oder geschrieben, zu tun haben.

Multimodalität: Sprache, Text und anderes

Der Begriff der Multimodalität ist leider recht schillernd, weshalb er als solcher kaum Erklärungskraft besitzt. Er beschreibt den Umstand, dass in einem Kommunikat Informationen zusammengefasst werden, die in Zeichensystemen unterschiedlicher Modalität ausgeprägt sind. Mit diesen Modalitäten sind vor allem die folgenden fünf gemeint: gesprochene Sprache, geschriebene Sprache, stehendes Bild (z. B. Foto oder Grafik), bewegte Bilder (z. B. Videosequenzen) und Audio (Musik, Geräusche).[124]

Dieses grundlegende Verständnis des Begriffs der Multimodalität lässt sich zweifach ausdeuten.[125] Zum einen kann er empirisch verwendet werden, um eine spezifische kommunikative Praxis zu beschreiben. Die vornehmlich textbezogene Analyse sprachbasierter Kommunikate soll erweitert werden zu einer multimodalen Diskursanalyse.[126] Andererseits kann man Multimodalität als eine Eigenschaft von Kommunikaten überhaupt verstehen, als eine ihrer zentralen Eigenschaften.[127] Demzufolge ist jedes Kommunikat auf Multimodalität gegründet, und das hat zur Folge, dass nicht das Zeichensystem einer einzelnen Modalität isoliert betrachtet werden darf, um zu verstehen, welche Funktion und welche Bedeutung das Kommunikat insgesamt besitzt, sondern stets auch das Zusammenspiel der verschiedenen Modalitäten untereinander.

Ausgehend von den fünf grundlegenden Modalitäten für mediale Kommunikate, die bis auf Audio alle in der Fläche realisiert werden, lassen sich in Hinsicht auf Texte weitere Untergliederungen vornehmen. Neben Text und Bild muss hier auch die geometrische Anordnung der Informationselemente in der Fläche berücksichtigt werden, Farbgebung und grafische Techniken der Gliederung und Hervorhebung. Ein weiterer wichtiger Aspekt betrifft die

Typografie selbst. Hier wird einerseits auf der Ebene der Mikrotypografie durch Schriftart, Schriftgröße, Schriftschnitt (z. B. Kursiv- und Fettdruck) oder andere Schrifteffekte (z. B. Unterstreichung) die Textbedeutung modifiziert.[128] Auf der Ebene der Makrotypografie tragen die Bildung von Absätzen, Einrückungen, listenartigen Aufzählungen, Nummerierungen, die Gestaltung von Überschriften und wiederkehrende Merkmale der Navigation und Orientierung im Text (Seitenzahlen, Kolumnentitel, Beschriftungen, Fußnoten, Verweise) maßgeblich zur Interaktion des Lesers mit dem Text bei.[129] Wenn man sich ein beliebiges Dokument ansieht, wird man auf *jeder* Seite Variation bei *jedem* dieser Parameter finden.[130] Und jede Ausprägung dieser Parameter wirkt sich auf die Erfassung der Gesamtbedeutung des Dokuments in einer bestimmten Weise aus.

Neben einer solchen textbasierten Form von Multimodalität können wir Multimodalität auch in der Situation feststellen, in der Kommunikation stattfindet. Schon die Stimme wird moduliert je nach Situation, Stimmung und Verfassung des Sprechers, und jedes Gespräch zwischen Anwesenden wird begleitet durch einen kontinuierlichen Strom von redebegleitenden Gesten, Zeigegesten, Blicken und intentionalen Handlungen (wie etwa das Schütteln der Hände zur Begrüßung oder ikonische Gesten, die zum Beispiel Größenverhältnisse darstellen). Die verbale sprachliche Produktion ist, wie man heute weiß, sehr genau auf diese früher als »außerlinguistisch« bezeichneten Dimensionen abgestimmt und muss deshalb zusammen mit diesen betrachtet werden.[131] Arnulf Deppermann führt dies auf die grundlegende Dimension der Leiblichkeit des Sprechens im Raum zurück: Sprechen ist »multimodale Praxis«[132].

In stärker formalisierten Gesprächssituationen, etwa Prüfungen, Vorträgen oder Dienstbesprechungen, kann man noch eine ganze Reihe weiterer Modalitäten bemerken, die mit der eigentlichen sprachlichen Kommunikation interagieren: So spielt die Anordnung der Gesprächsteilnehmer im Raum und ihre Körperhaltung eine sehr wichtige Rolle (zum Beispiel Redner gegenüber Publikum) oder das Vorhandensein ganz bestimmter Gegenstände oder Möbelstücke (Prüfungsprotokoll, Besprechungstisch). Auch Kleidung und Ausstattung der Gesprächsteilnehmer sind von Bedeutung – wird gegen bestimmte Erwartungen verstoßen, verändert das die Gesprächssituation insgesamt (etwa unangemessene Bekleidung in einer Prüfungssituation).[133]

Die lang andauernde isolierte Fixierung auf die Sprache, ohne dabei die Zusammenhänge mit anderen Modalitäten zu berücksichtigen, ist auch in diesem Bereich erst vor kurzer Zeit im Rahmen der linguistischen Teildisziplin der Gesprächsanalyse durchbrochen worden.[134] Erkenntnisse der Mikrosoziologie, die die Interaktionsprozesse in sehr kleinen Gruppen oder Zweierkonstellationen von Menschen zum Gegenstand hat, haben dabei zur Entwicklung einer multimodalen Gesprächslinguistik beigetragen.[135]

Die Mikroebene der Sprache ist in der schriftlichen Kommunikation bei der physischen Gestaltung der Buchstaben, der (Mikro-)Typografie, erreicht.[136] Auch diese bildet eine eigenständige Modalität, wie man sich leicht verdeutlichen kann. Die Wahl einer Schrifttype wird nicht nur durch Traditionen, Konventionen und die Lesbarkeit bestimmt, sondern auch durch die Assoziationen, die manche Schrifttypen auslösen. So stellt es auf einem Wahlplakat einen erheblichen Unterschied dar, ob dort von »𝕯𝖊𝖚𝖙𝖘𝖈𝖍𝖑𝖆𝖓𝖉« oder von »ꓷƎⵉⵔꙄⲤⲎⵏⵍ∀Ͷꓷ« die Rede ist. Die im ersten Fall verwendete Frakturschrift lässt eine Traditionsorientierung erkennen, während die futuristische Schrifttype im zweiten Fall Fortschrittlichkeit ausdrücken könnte. Die Schrift selbst ist also, unabhängig vom Inhalt des Textes, Träger von Bedeutung und bildet ein eigenständiges Zeichensystem.[137]

Dass diese recht offensichtliche Verbindung unterschiedlicher Modalitätsebenen sprachwissenschaftlich kaum beachtet wurde, kann nur durch eine Fehldeutung der Alphabetschrift erklärt werden. Danach bilden die Buchstaben dieses Schriftsystems lediglich die Laute ab, die in der gesprochenen Sprache vorkommen. An den typografischen Beispielen oben, aber auch an den Diskussionen zur Rechtschreibung und der sich über Jahrhunderte erstreckenden Entwicklung unseres heutigen Schriftbildes kann man jedoch erkennen, dass auch die Alphabetschrift ein sprachliches Zeichensystem eigener Art ist, das oft sogar mit dem der gesprochenen Sprache in offenkundigem Widerspruch steht.

Wie sehr das Schriftsystem den Blick auf die Sprache prägt, sieht man im Kulturbereich der chinesischen Schrift. Chinesische Schriftzeichen sind sogenannte Logogramme, stellen ganze Wörter und Wortbedeutungen und nicht, jedenfalls nicht grundsätzlich, Laute dar. Aus diesem Grunde können einem gegebenen Zeichen Lautfolgen zugeordnet werden, die je nach Dialekt stark variieren oder gelegentlich sogar für die Lautfolgen von Wörtern ganz anderer Sprachen, etwa des Japanischen, stehen. Schon frühzeitig hat sich deshalb, ausgehend von der Schreibdidaktik, das Interesse auf die Erklärung der inneren Struktur der chinesischen Logogramme gerichtet. Daraus entwickelte sich eine Linguistik der Schrift und des Schreibens, die weitgehend unabhängig von der Linguistik der gesprochenen Sprache und des Sprechens betrieben werden kann.[138]

Die Art und Weise etwa, wie die Bedeutung eines chinesischen Schriftzeichens aus der Kombination von Elementarbedeutungen verbunden mit symbolischen Hinweisen zur Lesung und zum Verständnis zusammengesetzt ist, folgt einer Zeichengrammatik, die keine Entsprechung in der chinesischen Sprache besitzt. Vor diesem Hintergrund betrachtet, scheint die Fiktion der reinen Sprachlichkeit, wie sie in der westlichen Sprachwissenschaft lange vorherrschend war, nicht nur die Ursache für das Übersehen von Multimodalität zu sein, sondern auch eine Folge der Nutzung der Alphabetschrift.

Die scheinbar klare Trennung in textbasierte Multimodalität (bis hinunter zur Mikrotypografie) und situationsbasierte Multimodalität wird derzeit im Zuge der Digitalisierung zunehmend verwischt. Präsentationen als performativ »dargestellte« Texte in einer Situation unter gleichzeitig anwesenden Personen wurden bereits erwähnt. Textbasierte Multimodalität wird dabei eng mit situationsbasierter Multimodalität zu einer übergreifenden Kommunikationsform verzahnt. Ähnliches geschieht in anderen Situationen, in denen Texte dynamisch präsentiert werden, etwa auf Anzeigetafeln oder bei Kiosk-Systemen (öffentlich zugängliche Touchscreen-Angebote).

Der Einbettung des Textes in den Raum entspricht spiegelbildlich die Einbettung des Raums in den Text, wie sie heute durch diverse positionsabhängige Smartphone-Anwendungen geboten wird. All das hat ein ganz konkretes, durch die Technologie getriebenes Interesse an den Prozessen modalitätsübergreifender Kommunikation hervorgerufen. Künstliche Systeme, etwa humanoide Roboter, sollen dazu befähigt werden, die subtilen Interaktionsformen zu beherrschen, die Menschen in Gesprächssituationen auf mehreren Ebenen gleichzeitig bei der Koordinierung des Kommunikationsgeschehens praktizieren. In ähnlicher Weise betrifft dies auch die automatische Generierung von Texten, die als komplexe multimodale Dokumente Konstruktionsgesetzen unterliegen, die noch gar nicht vollständig verstanden sind. All dies trägt auf eine ganz unerwartete Weise zu einer neuen Relevanz der Linguistik bei.

Wie untersucht man Gesehenes?

Ein wichtiger Ansatz für die Erforschung von Multimodalität besteht darin, die Rezeption multimodaler Kommunikate zu untersuchen. Dadurch soll die Frage beantwortet werden, in welcher Weise Menschen die verschiedenen Modalitäten wechselseitig miteinander in Bezug setzen, um Verständnis für das Gesamte zu erlangen. Dabei geht es keineswegs nur um additive Verständnisprozesse: zuerst das Lesen des Textes, dann die Betrachtung des daneben erscheinenden Bildes und zum Schluss die Deutung von Textlayout und Typografie. Vielmehr werden die unterschiedlichen Modalitäten kontinuierlich aufeinander bezogen und sind somit Teil eines modalitätsübergreifenden, integrierten Verständnisprozesses.

Ein wichtiges Instrument für derartige Forschungen bildet die Analyse von Blickbewegungen, das sogenannte *Eye Tracking*. Durch die Analyse der Videoaufzeichnung der Augen einer Versuchsperson wird dabei ermittelt, wohin die Person bei der Rezeption geblickt hat (die sogenannten Fixationen). Bei der Erschließung eines Textes etwa erhält man Angaben dazu, wie oft die verschiedenen Areale der Textfläche angeblickt wurden und jeweils für wie lange. Aus der zeitlichen Abfolge der Fixationen lässt sich zudem eine Sequenz ermitteln, die den Rezeptionspfad der Versuchsperson widerspiegelt.[139] Diese Daten kann man auf verschiedene Weise visualisieren, so dass wiederkehrende Muster bei einzelnen oder ganzen Gruppen von Versuchspersonen erkennbar werden.

Bei einer Visualisierung als *Heatmap* erscheinen die Teile des Dokuments, die insgesamt länger angeblickt wurden, heller oder »heißer« als die weniger lange angesehenen. Gar nicht betrachtete Teile des Textes bleiben demzufolge schwarz. Eine andere Methode verbindet die Dauer der Fixationen, symbolisiert durch die Größe eines Kreises auf dem entsprechenden Textareal, mit ihrer Abfolge, repräsentiert als Linien zwischen zwei Arealen – es ergibt sich ein Netz, das an seinen Knotenpunkten unterschiedlich große Kreise aufweist. Feinere Analysen versuchen, auch die Qualität der Blickbewegungen (z. B. Praktiken des Lesens im Gegensatz zum »Scannen«) oder die Bewegungen zwischen unterschiedlichen Typen von Arealen (Textabschnitte, Bilder, Überschriften, Beschriftungen, Layout-Grafik, Orientierungsinformationen usw.) zu erfassen.[140]

Mit dieser Methode werden nicht die kognitiven Rezeptionsprozesse selbst nachvollzogen, sondern die Art und Weise, wie sich die zentrale Ressource der Verständnisgewinnung, die Aufmerksamkeit, dabei verteilt. Hans-Jürgen Bucher und Peter Schumacher bestimmen nach diversen Eye-Tracking-Untersuchungen die Rolle der Aufmerksamkeit bei der multimodalen Rezeption in der folgenden Weise:[141] Aufmerksamkeit ist ein Mittel zur Reduktion der Komplexität dessen, was kommuniziert wird – ob als Text, als Grafik oder als Situation.

Dabei greifen ganzheitliche und partikuläre Verfahrensweisen ineinander: Ganzheitlich wird bei einem Text die Aufmerksamkeit durch das Layout der gesamten Seite gesteuert, im Detail jedoch bilden bestimmte visuelle Reize, etwa die Hervorhebung eines Wortes oder ein Bild, Anziehungspunkte für die Aufmerksamkeit. Auch die Zielsetzung, mit der ein Leser einen Text betrachtet, schlägt sich in seiner Aufmerksamkeitsverteilung nieder. Die Aufmerksamkeit steuert zudem den Modus, in dem ein Textelement rezipiert wird – der flüchtige Blick auf einen Textblock gegenüber der genauen Lektüre. Ferner integriert sie die verschiedenen Elemente eines multimodalen Kommunikats, indem sie sich ständig zwischen den Modalitäten bewegt und die daraus bezogenen Informationen miteinander abgleicht.

Aus technischen Gründen wurden Eye-Tracking-Untersuchungen zunächst nur für flächenbezogene Medien wie etwa Papier-Dokumente oder Bildschirme durchgeführt; die Apparatur erforderte ein Labor, und der Kopf der Versuchsperson musste fixiert werden, um die Blickbewegungen überhaupt genau genug erfassen zu können. Mit der Weiterentwicklung der Videotechnologie und der digitalen Bildverarbeitung können Blickbewegungen inzwischen aber auch in realistischen Situationen aufgezeichnet werden, in denen die Versuchspersonen ihren Kopf frei bewegen können, da die Kamera an einer Art Brille befestigt ist. Dies macht es möglich, auch die multimodale Rezeption in kommunikativen Situationen im Raum zu untersuchen. Philip Niemann und Martin Krieg zeigen beispielsweise für Powerpoint-Präsentationen, wie Versuchspersonen dort ihre Aufmerksamkeit zwischen der Projektion, dem Redner und anderen Elementen im

Raum verteilen und wie darauf die Aufmerksamkeits-
steuerung durch den Redner, etwa in Gestalt von Zeigegesten oder sprachlichen Wiederaufnahmen von visuell
Dargebotenem, einwirkt.[142]

Neben der Rezeptionsanalyse multimodaler Kommunikate spielt inzwischen auch ihre Sammlung in multimodalen Korpora eine wichtige Rolle.[143] Dies war trotz des
Aufkommens der Korpuslinguistik nicht immer so: Reine
Textkorpora lassen sich leicht durchsuchen, multimodale Korpora jedoch nicht, denn jede Modalität unterliegt
einer eigenen »Suchlogik«. Während diese Suchlogik bei
Texten seit langem bekannt ist und technisch in Gestalt
der Volltextsuche ausgereift zur Verfügung steht, sieht es
für Bilder, Grafiken, Audios und Videos oder gar für ganzheitliche Zusammenhänge auf Flächen oder in Situationen anders aus.

Dies ist ein aktives Forschungsfeld der Bildverarbeitung, von deren aktuellen Fortschritten man sich bei der
Google-Bildsuche[144] einen Eindruck verschaffen kann. Dabei kommen Prozesse der Mustererkennung zum Einsatz,
mit denen die Suchanwendungen in maschinellen Lern-
verfahren trainiert werden. Dies bedeutet, dass nicht nur
nach Bildinhalten, also bestimmten Objekten in Bildern,
gesucht werden kann, sondern auch nach Objekten mit
bestimmten Eigenschaften oder sogar nach abstrakten
Mustern.

Anfragen an die Google-Bildsuche beispielsweise können auf zwei verschiedenen Wegen vorgenommen wer-

den: durch die sprachliche Bezeichnung des gesuchten Objekts oder Musters (»klassizistisches Gebäude«, »roter Kreis und blaues Rechteck«, »Zeitungsseite mit Überschrift«) oder durch ein Bild. Dieses Bild fungiert dann als der Such-»Ausdruck«, zu dem ähnliche Bilder aufzufinden sind. Verwendet man das Bild einer Zeitungsseite mit einem bestimmten Layout als Anfrage, erhält man als Suchergebnis eine Vielzahl von Zeitungsseiten unterschiedlicher Herkunft, die ein ähnliches Layout aufweisen. Die Verfügbarkeit derartiger auf Mustererkennungsprozessen basierender Suchtechnologien bildet somit auch die Grundlage für die Arbeit mit multimodalen Korpora.

Für die Erschließung multimodaler Korpora reichen aber Mustererkennungsverfahren nicht aus. Um statistische Eigenschaften genauer erfassen und einzelne Phänomene genauer untersuchen zu können, ist es erforderlich, das Korpus zu annotieren. Wir haben im vorherigen Kapitel schon gesehen, wie man aus Textkorpora, in denen Zusatzinformationen etwa zu grammatischen Kategorien und Strukturen annotiert sind, Nutzen ziehen kann. Gleiches gilt für multimodale Korpora, doch ist hier der Aufwand ungleich größer.

Tuomo Hiippala beschreibt ein Verfahren, bei dem mehrere Annotationsebenen voneinander unterschieden werden.[145] Es basiert auf einem Modell, das in einem multimodalen Dokument die verschiedenen Modalitäten miteinander verbindet.[146] Auf den unteren Ebenen werden die auftretenden Informationselemente, also Textblöcke, Grafiken, Bilder und Navigationselemente, markiert, um darüber zu größeren Layouteinheiten zusammengefügt zu werden. So geht es weiter über die Typografie, Verweise und Verlinkungen bis hin zu funktionalen Zusammenhängen zwischen all diesen Elementen.

Mit einem derartig aufwändig annotierten multimodalen Korpus lassen sich die unterschiedlichsten Fragen beantworten: Wo erscheinen Bilder statistisch am häufigsten und in welcher Größe? Wieviele Informationseinheiten befinden sich auf den Seiten, und wie ist ihr statistisches Verhältnis zueinander? Welche Regeln werden bei der Gestaltung multimodaler Dokumente unausgesprochen befolgt? Welche sprachlichen Eigenschaften besitzen Texte in multimodalen Dokumenten in Abhängigkeit von ihrer Positionierung? Bestehen Abhängigkeiten zu anderen Eigenschaften der multimodalen Gestaltung? Wenn auch nur einige dieser Fragen genauer beantwortet werden können, wird es für korpuslinguistische Untersuchungen sehr viel schwerer sein, ganz von der Berücksichtigung der multimodalen Einbettung eines Textes absehen zu können.

Die multimodale Analyse ganzer kommunikativer Situationen im Raum erfordert sogar noch weitergehende technische Vorkehrungen, da in diesem Fall mit einer oder mehreren Videoaufzeichnungen zu arbeiten ist. Anders als bei weitgehend statischen Dokumenten kommt hier also zusätzlich die Dimension der Zeit mit ins Spiel. Die Annotation der verschiedenen Modalitäten geschieht deshalb mittels sogenannter Partitur-Editoren[147], die für einzelne Zeitabschnitte eines Input-Streams (im Normalfall ein Video) eine analytische Kennzeichnung vorzunehmen erlauben. Auch dabei können mehrere Annotationsebenen unterschieden werden, die für unterschiedliche Modalitäten oder Ereignisarten in der beobachteten Situation stehen. Dies können ebenso Bewegungen, Positionen oder Blicke der Kommunikationsteilnehmer sein wie extern verursachte Ereignisse, wenn man etwa an ein Gespräch beim Autofahren oder während einer Fernsehsendung denkt. Zentral ist natürlich auch hier die sprachliche Modalität, für die – getrennt für die verschiedenen Kommunikationsbeteiligten – in Gestalt von schriftlichen Transkriptionen der mündlichen Gesprächsbeiträge eine eigene Annotationsebene in das Korpus aufgenommen wird.

Auch Sprache lässt sich sichtbar machen

Versucht man, wie in diesem Kapitel beschrieben, die physische Erscheinung eines Textes als eine eigenständige Bedeutungsebene zu erfassen, liegt ein weiterer Gedanke nahe: So wie Flächen und Räume als multimodale Kommunikate Informationen tragen, so können sich auch linguistische Erkenntnisse als Flächen und Räume darstellen, visualisieren lassen. Die Visualisierung von Datenbeständen ist dabei keineswegs auf linguistische Daten beschränkt, sondern bildet vielmehr seit einigen Jahren einen Trend im Umgang mit großen Datenbeständen überhaupt.

Insbesondere interaktive Visualisierungen, bei denen

ein Nutzer in die Darstellung der Daten selbst eingreifen und sie auf bestimmte Erkenntnisziele ausrichten kann, spielen in vielen Disziplinen ein wichtige Rolle – ihre Entwicklung ist unter der Bezeichnung *Visual Analytics* inzwischen selbst zu einer wissenschaftlichen Disziplin geworden.[148] Seit sich aufgrund der Verfügbarkeit großer digitaler Korpora die Linguistik zu einer Datenwissenschaft gewandelt hat, haben sich auch in dieser Hinsicht für die linguistische Erkenntnisgewinnung ganz neue Wege eröffnet. »Text-Visualisierung«[149] oder »linguistische Visualisierung«[150] sind die Namen für eine Verbindung der Korpuslinguistik mit *Visual Analytics*.

Die Visualisierung statistischer Auswertungen hat eine lange Tradition. Auch für die Deutung der statistischen Auswertung von Korpora können die bekannten Visualisierungsverfahren wie Graphen und Diagramme eingesetzt werden, wie sie beispielsweise im Office-Programm Excel als Visualisierung für Datentabellen angeboten werden. Darüber hinaus sind für die Visualisierung wort-, struktur- und inhaltsbezogener Informationen Methoden entwickelt worden, die den Besonderheiten linguistischer Korpora Rechnung tragen.[151] Eine verbreitete Methode zur Visualisierung von Worthäufigkeiten etwa besteht darin, ihre Frequenz mit der Größe ihrer Darstellung zu verbinden. Die resultierenden *Word Clouds* erlauben es, auf einen Blick die Häufigkeitsunterschiede wichtiger Wörter zu erfassen.

Wenn es um die Visualisierung linguistischer Strukturinformationen geht, werden für die Darstellung von

Kookkurrenzbeziehungen zwischen Wörtern Graphen oder Netze eingesetzt. Dabei werden Wörter, deren relative Vorkommenshäufigkeit innerhalb eines vorgegebenen kurzen Textabschnitts überdurchschnittlich groß ist, durch eine Linie miteinander verbunden. Ausgehend von einem bestimmten Wort ergeben dessen Kookkurrenzbeziehungen eine sternförmige Struktur (zum Beispiel für das Verb *lächeln* und seine Kookkurrenzpartner, wie im vorangegangenen Kapitel beschrieben). Werden auch die Kookkurrenzbeziehungen der jeweiligen Partner erfasst, so entsteht ein immer komplexeres Beziehungsnetz.

Geht es hingegen um die Darstellung der unmittelbaren Nachbarschaft eines Wortes, ohne diese bereits statistisch auszuwerten, kann das Wort in seinen jeweiligen Kontexten vertikal angeordnet werden, um die Kontexte vergleichbar zu machen. In dieser *Key Word in Context* genannten Darstellungsweise (*KWIC*) können wiederkehrende Muster in den Kontexten schnell erfasst und dann weitergehend ausgewertet werden.

Für die Darstellung grammatischer Strukturen werden auch in Korpora Visualisierungstechniken eingesetzt, die in der Grammatikforschung seit langem verwendet werden. Dabei handelt es sich vor allem um Strukturbäume, die die Zusammensetzung größerer Einheiten aus kleineren Einheiten beschreiben (konstituenzielle Strukturbäume) oder in denen die Abhängigkeits- oder Abfolgebeziehungen von Wörtern durch Relationen beschrieben werden (dependenzielle Strukturbäume). Kombinationen beider Ansätze kommen inzwischen auch häufig vor.

Besonders interessant sind neuere Ansätze, auch inhaltliche Eigenschaften eines Dokuments zu visualisieren. Eine verbreitete Methode, die auf charakteristischen Wortabfolgen, N-Grammen, beruht, ist die Ermittlung einer Dokument-Signatur. Dabei wird die statistische Verteilung von N-Grammen durch kleine Rechtecke ausgedrückt, die für die verschiedenen Teile eines Dokuments stehen. In dieser Darstellung lässt sich sofort die Verteilung der N-Gramme im Dokument erkennen. Eine solche Signatur kann auch für charakteristische Wörter oder andere Textmerkmale ermittelt werden, die potentiell über den ganzen Text verteilt erscheinen.[152] Derartige Verfahren können auf größere Sprachausschnitte, Korpora oder Wörterbücher angewandt und auf zweidimensionale Darstellungsformen erweitert werden, so dass sich »Fingerabdrücke« oder fast so etwas wie eine »Sprach-DNA«[153] sichtbar machen lässt.

Sprache wird von Menschen genutzt, und Menschen leben nicht in einem abstrakten Raum, sondern an einem bestimmten Ort. Die regionale Variation von Sprache ist über die Jahrhunderte hinweg erstaunlich stabil[154]. Die geografische Zuordnung von linguistischen Merkmalen der Sprache ist unter der Bezeichnung Dialektologie bereits seit dem 19. Jahrhundert ein wichtiges Teilgebiet einzelsprachlicher Philologien geworden. Wurden früher Karten genutzt, in die die erhobenen Daten – etwa die Form einer bestimmten Wortbedeutung oder Merkmale des Lautsystems – mit ihren Geltungsbereichen eingetragen wurden, werden dafür heute Geografische Informationssysteme (GIS) eingesetzt. In solchen Systemen ist eine Datenbank um ein Modul zur geografischen Visualisierung erweitert, so dass auf ein und demselben digitalen Kartenbestand beliebig viele linguistische Datenebenen projiziert werden können. Besonders interessant werden derartige geografische Visualisierungen, wenn sie mit anderen, nicht-linguistischen Merkmalen der betrachteten Räume wie etwa Verkehrs-, Wirtschafts- oder Topografiedaten kombiniert werden, so dass im Idealfall die Gründe für bestimmte sprachgeografische Phänomene erkennbar werden.

Da sich Sprache und ihre Verwendung im zeitlichen Verlauf verändern, stellt auch die Visualisierung der Veränderungsprozesse ein wichtiges Thema dar. Häufig werden dafür Zeitleisten als X-Achse verwendet, über die auf der Y-Achse weitere Parameter dargestellt werden, etwa die relative Häufigkeit eines Wortes oder von Wortfolgen in Zeitscheiben historischer Korpora. Einen anderen, weitaus interessanteren Weg beschreiten Visualisierungen, die selbst dynamisch sind, um Dynamik sichtbar zu machen. So hat die von dem Medizin-Statistiker Hans Rosling gegründete Stiftung *Gapminder* die Software *Trendalyzer* entwickelt, mit deren Hilfe sich Daten, die für einen gegebenen Zeitpunkt in ein herkömmliches Datenblatt eingetragen sind, durch die Ergänzung weiterer Erhebungszeitpunkte zu einer Art Visualisierungsvideo verbinden lassen, in dem Entwicklungstrends durch Bewegungen und Veränderungen grafischer Elemente sichtbar werden.[155] Der Anglist Martin Hilpert hat ein derartiges Tool verwendet, um *Motion Charts* für die Visualisierung linguistischer Prozesse zu verwenden, etwa die historische Veränderung der Nutzung von *may* und *might* im Englischen.[156] Ähnliche Visualisierungen des Sprachwandels wurden für das Deutsche an der Berlin-Brandenburgischen Akademie der Wissenschaften entwickelt.[157] Im Projekt OvidPlus am Mannheimer Institut für Deutsche Sprache wird die lexikalische Dynamik der deutschen Sprache mit einer Vielzahl unterschiedlicher, frei konfigurierbarer Visualisierungen dargestellt.[158]

Das physische Bild der Sprache in Fläche und Raum

Durch Schrift können wir Sprache sehen. Was wir jedoch wahrnehmen, ist nicht die Schrift als solche, sondern Flächen und Räume von Zeichen – Flächen, auf denen sich Schrift zusammen mit Grafik und Bildern zeigt, Räume, in denen sich sprachliche Interaktionen zusammen mit anderen Formen der Kommunikation vollziehen. Beides ist lange übersehen, ja ignoriert worden. Aus der antiken Tradition der Rhetorik hervorgegangen, die seit der Spätantike ins Schriftliche verlagert worden war, erwuchs die Vorstellung einer reinen Sprachlichkeit der schriftlichen Kommunikation, die sich in einem idealen Raum an körperlosen Wesen »ereignet«. Im Strukturalismus wurde dies in Gestalt radikaler Monomodalität zur Grundlage der modernen Linguistik bis weit ins 20. Jahrhundert hinein.

Mit dem Aufkommen des Computers änderte sich dies. Durch die Möglichkeiten der Nutzung des Computers als Werkzeug für das *Electronic Publishing* wurden Texte in den vergangenen Jahrzehnten immer mehr zu gestalteten Zeichenflächen – in Zeitungen und Zeitschriften, auf Webseiten, in Sachbüchern und Präsentationen. Aufzeichnungen von Gesprächen wurden durch umfassende Transkriptionen in Partitureditoren erschlossen. Diese neuartigen multimodalen Texte werden in Korpora zusammengestellt, um ihre Besonderheiten mit Mitteln der statistischen Analyse zu untersuchen. In einem weiteren Schritt wird die Multimodalität auch auf die linguistische Analyse selbst übertragen: Durch Visualisierungen können Eigenschaften von Texten sichtbar gemacht und die Auswirkungen der Veränderung von Parametern interaktiv simuliert werden.

Mit dieser Wendung zum Physischen ist ein neues Bild der Sprache verbunden. Sprache wird in diesem Bild in ihrer Verknüpfung mit Fläche und Raum, mit einer Situation gezeichnet. Das Verstehen sprachlicher Äußerungen wird dabei in übergeordnete Prozesse der Gestalt-Wahrnehmung und ganzheitlicher Erschließungsstrategien eingebettet. Die Wahrnehmung größerer visueller Zusammenhänge in Gestalten und ihre Deutung aufgrund von wiederkehrenden Mustern bildet die Grundlage für die multimodale Rezeption von Sprache. Auf diese Weise befreit das physische Bild der Sprache die Linguistik aus der Fixierung auf eine idealisierte reine Sprachlichkeit.

7
Gewebe – das kommunikative Bild

Wenn man zuvor Bücher und Aufsätze ausschließlich ganz »klassisch« als Verlagspublikationen und in Zeitschriften veröffentlicht hat, macht man als angehender Blog-Autor einige ganz neue Erfahrungen. Dazu gehört die Geschwindigkeit des Publizierens, die wissenschaftliche Autorinnen und Autoren von traditionellen Publikationsformen her nicht kennen. Mit dem Klick auf den »Veröffentlichen«-Knopf geht ein Beitrag online, wird sofort gelesen, verlinkt und kommentiert. Eine weitere neue Erfahrung ist die Unmittelbarkeit, mit der etwas publiziert wird: Man selbst ist für alle Aspekte der Veröffentlichung zuständig und tritt dabei mit seiner Leserschaft in eine direkte, manchmal in eine zu direkte Verbindung. Die interessanteste Erfahrung ist aber die, den eigenen Beitrag, ja das ganze eigene Schreiben in ein Gewebe von Kommunikation eingebunden zu sehen, das ständig in Bewegung ist, neue Verknüpfungen hervorbringt, unmittelbar auf neue Impulse reagiert und Bezüge zu Menschen und Inhalten herstellt, die einem zuvor nicht bekannt gewesen sind.

So ist es auch mir ergangen mit meinem Blog zur digitalen Verwendung von Sprache, Text und Schrift, der »Engelbart-Galaxis«. Diesen Blog betreibe ich seit April 2014 unter dem Dach des Blogportals »SciLogs«, das der Heidelberger Verlag »Spektrum der Wissenschaft« unterhält. Mit den ersten Beiträgen meines Blogs lernte ich die Gesetze des vernetzten Schreibens kennen. Vor allem die Kommentierung der Beiträge und die sich dadurch entfaltende Diskussionsdynamik können eine Sogwirkung entwickeln, der man sich kaum zu entziehen vermag. In den Kommentaren wird man ja keineswegs gelobt für das, was man geschrieben hat, sondern man wird im besten Fall ergänzt oder korrigiert. Andere Kommentatoren kritisieren den Beitrag in Teilen oder komplett, und als Autor ist man gezwungen, sich selbst in die Diskussion zu begeben, um kein schiefes Bild des Inhalts und des eigenen Anliegens aufkommen zu lassen.

Manchmal beginnt sich die Diskussion von dem Gegenstand des Beitrags zu lösen und zu anderen Themen vorzudringen. Mit Staunen konnte ich eine Diskussion verfolgen, in der in mehreren Hundert Kommentaren über Wochen ein ganzes Bündel von Themen behandelt wurde. Eine immer kleiner werdende Anzahl von Kommentatoren ist darin mit einer immer größeren Anzahl von Kommentaren vertreten – ein Zusammenhang, der augenscheinlich wie so viele andere statistische Zusammenhänge in der Linguistik dem Zipfschen Gesetz folgt.[159]

Für einen Linguisten ist dabei besonders faszinierend, dass sämtliche Kommunikationsakte, die in derartigen

Diskursen vollzogen werden, auch tatsächlich erfasst sind. Es ist dokumentiert, wer auf wen antwortet und zu welchem Zeitpunkt, so dass sich eine mit Zeitstempeln versehene hypertextuelle Struktur ergibt. Die einzelnen Kommentare bieten ein vollständiges Bild des Diskurses, denn neben den schriftlichen Beiträgen liegen ja keine weiteren aus der Interaktion hervorgegangenen Informationen vor – keine unbeobachteten Zwiegespräche, keine persönlichen Merkmale wie Aussehen oder Stimme der Kommentatoren und keine außersprachliche Interaktion durch Gesten und Blicke. Es zählt einzig und allein der geschriebene Text im Gewebe des digitalen Diskurses. Und dem Blog-Autor ist sogar einiges über seine Leserinnen und Leser bekannt: Von wo diese auf den Blog zugreifen, über welche Web-Seiten und sozialen Netze sie zu dem Beitrag gekommen sind, wie lange sie den Beitrag gelesen und wie viele andere Seiten des Blogs sie sonst noch aufgerufen haben.

Diese Vollständigkeit in der Erfassung eines Diskurses ist es, was die Kommunikation in sozialen Netzen für die Linguistik so unwiderstehlich macht. Die Gespräche, Unterhaltungen, Kontroversen und verbalen Kämpfe auf Facebook, Twitter, Blogs und anderen Plattformen sind gewissermaßen Laborfälle für Diskurse überhaupt. Ihre Abgrenzbarkeit und vollständige Erfassbarkeit machen sie zu Paradebeispielen für die Untersuchung des Gewebes von Menschen und ihrer kommunikativen Verflechtung.

Texte und Menschen, in Netzen verwoben

Das Beispiel des Blogs hat gezeigt, dass kommunikative Gewebe von unterschiedlicher Art sein können. Es können zum einen die Inhalte miteinander verwoben sein: In einem Text wird auf einen anderen Text verwiesen, so dass sich ein Textgewebe ergibt. Als zweite Möglichkeit können wir Gewebe betrachten, die aus der Abfolge von Kommunikationsakten bestehen. Welche Äußerung folgt wann und als Reaktion auf welche andere? Sie sollen im Folgenden als Interaktionsgewebe bezeichnet werden. Und drittens können die kommunizierenden Personen selbst miteinander verwoben sein: Wer kommuniziert mit wem und wie oft? Diese Betrachtung führt zu sozialen Netzwerken. Sehen wir uns zunächst Textgewebe genauer an.

Textgewebe sind unter der Bezeichnung »Hypertext« schon seit längerer Zeit ein Gegenstand der Linguistik. Als Hypertext wird eine Menge von Texten verstanden, die durch Links miteinander verbunden sind. Links können sich auch auf bestimmte Textstellen (inklusive Bilder oder andere eingebettete Medien) beziehen. Das bekannteste Hypertextsystem ist das *World Wide Web,* allerdings können beispielsweise auch gedruckte Enzyklopädien als Hypertexte verstanden werden, da hier viele Einträge durch Verweise miteinander verlinkt sind, oder wissenschaftliche Texte mit ihren Literaturreferenzen, Zitaten, Fuß- und Endnoten.

Wurden mit der Konjunktur von Hypertexten seit den 1990er Jahren zunächst die Eigenschaften dieser vermeintlich neuen Textsorte erforscht, befindet sich heute eher die Vernetzung selbst im Zentrum der Aufmerksamkeit. Besonders interessant sind deshalb umfangreiche, aber in sich geschlossene Hypertext-Systeme mit einer gut funktionierenden Qualitätskontrolle wie etwa Wikipedia. Wikipedia hat sich zu einem so wichtigen Gegenstand für sprachwissenschaftliche Untersuchungen entwickelt, dass mittlerweile sogar von einer »Wikipedistik« als wissenschaftlicher Disziplin die Rede ist.[160]

Von Bedeutung ist Wikipedia aus mehreren Gründen: Für die großen Sprachen liegen heute enorm umfangreiche Wikipedia-Versionen vor, deren Artikel untereinander verlinkt und, am Ende jedes Artikels, verschiedenen Kategorien zugeordnet sind. Externe Links sind klar als solche gekennzeichnet, alle anderen Links verweisen auf Artikel innerhalb einer Wikipedia-Sprachversion. Zudem weist jeder Artikel eine Versionsgeschichte auf, so dass man seine Genese sowie Zeitpunkt und Art von Änderungen nachvollziehen kann. Alle Diskussionen zwischen Autorinnen und Autoren zu den Änderungen eines Artikels sind auf einer diesem eigens zugeordneten Seite dokumentiert. Insgesamt ergibt sich dadurch ein geschlossenes Hypertextsystem, dessen Struktur, Dynamik und kooperative Erstellung detailliert erforscht werden können.

Linguistische Fragestellungen, die auf dieser Grundlage untersucht werden können, sind etwa solche zur Struktur des Wortschatzes oder zu den Eigenschaften der Semantik von Wörtern im Wikipedia-Netzwerk. Auch die Frage, wie sich Diskussionen von Wikipedia auf das Produkt, die Wikipedia-Artikel selbst, auswirken, ist von Interesse. Vergegenwärtigt man sich überdies, dass sehr viele Artikel auch mit ihren Entsprechungen in anderen Sprachversionen von Wikipedia verlinkt sind, ergibt sich sogar eine multilinguale, ja interkulturelle Dimension. Das hohe Maß an Organisation und Qualitätskontrolle, das bei Wikipedia vorliegt, macht dieses Hypertext-System zu einer so wichtigen Quelle für die Erforschung sprachlicher Netzwerke.

Als eine Extremform sprachlicher Netzwerke können Wortnetze verstanden werden. Statt mehr oder weniger langer Texte sind in Wortnetzen einzelne Wörter miteinander verwoben. Auch Wortnetze besitzen bereits eine lange Tradition: Die großen Wörterbücher des Deutschen verzeichnen neben den formalen, inhaltlichen und Gebrauchseigenschaften eines Wortes oft auch Bezüge zu anderen Wörtern, etwa zu Synonymen, Antonymen (gegensätzlichen Begriffen) oder Hyperonymen (Oberbegriffen). Derartige Relationen zu Wörtern mit verwandter Bedeutung bilden das Grundprinzip des digitalen Wortnetzes *WordNet*.[161] Relationen entfalten dort ein vollständiges Netz zwischen mehr als 100 000 Wörtern, so dass sich ein lexikalisches Gewebe ergibt, durch das man sich wie durch einen Hypertext hindurchbewegen kann.

Andere Wortnetze werden automatisiert aus der Analyse von Korpora gewonnen. Einen Ansatz dafür bieten Kollokationsanalysen, sofern man sie für jedes einzelne Wort in einem Korpus (ein einzelner Text oder eine größere Anzahl von Texten) durchführt. Verbindet man dann nämlich die Kollokatoren, also die besonders häufig in der Nachbarschaft eines Wortes vorkommenden Wörter, mit diesem Wort und setzt man dieses für alle Kollokatoren fort, so ergibt sich ein Netz von Kollokationen, das in einem ganz erstaunlichen Maße inhaltliche Zusammenhänge zwischen den Wörtern widerspiegelt.[162] Auch unmittelbare Nachbarschaftsbeziehungen, grammatische Abhängigkeiten oder andere Arten von Relationen zwischen Wörtern eignen sich für den Aufbau von Wortnetzen.[163]

Dialoge und Gespräche werden in der Linguistik als sich dynamisch entwickelnde Netzwerke verstanden.[164] Diese mündlichen Kommunikationstypen vollziehen sich gewöhnlich in realen Situationen, weshalb es eine eigenständige, schwierige Aufgabe darstellt, die Situation und die mündlichen Äußerungen adäquat zu erfassen. Nur vereinzelt sind schriftlich geführte Kontroversen untersucht worden.[165] Schriftliche Interaktionen im Internet dagegen finden in einem virtuellen Raum statt, in dem die gemeinsame »Situation« der kommunizierenden Partner durch die sichtbare Oberfläche des verwendeten Programms oder der verwendeten Web-Seite genau dokumentiert werden kann. Überdies steht den Kommunikationspartnern ausschließlich ein schriftlicher Kanal zur Verfügung. Beides zusammen führt dazu, dass Interaktionen im Internet, wie schon erwähnt, nahezu vollständig erfasst werden können und somit einen idealen Gegenstand für die Untersuchung sprachlicher Interaktionen überhaupt bieten.

Insbesondere die Dynamik solcher Interaktionen lässt sich sehr gut untersuchen, weil jeder Kommunikationsakt mit einer Zeitmarkierung versehen ist. Mit der Untersuchung des Interaktionsgewebes von Chat-Kommunikation[166] wurde ein Anfang gemacht, heute spielt die Interaktion auf Twitter, Facebook, in Blogs oder auf speziellen Plattformen wie Wikipedia eine ebenso große Rolle.[167] Interaktionsgewebe entwickeln sich im kurzschrittigen zeitlichen Verlauf, weswegen ihre Dynamik von besonderem Interesse ist.

Bei der Modellierung von sprachlichen Interaktionen ist in der linguistischen Gesprächsanalyse das Wechselspiel von Äußerungen in Gesprächssequenzen schon früh als dynamisches Netzwerk angesehen worden.[168] In der Sprachtechnologie werden zur allgemeinen Modellierung von Dialogen sogenannte »endliche Übergangsnetzwerke« eingesetzt, mithilfe derer in konkreten Interaktionen Auswahlentscheidungen für den nächsten Dialogschritt getroffen werden können.[169]

Als dritter Typ eines Gewebes können soziale Netzwerke gelten. Anders als Interaktionsgewebe wird in ihnen die Verbindung zwischen Kommunikationspartnern als solchen erfasst, nicht in konkreten Interaktionssituationen. Als klassischer Fall kann das durch ein soziales Medium wie Facebook begründete soziale Netzwerk verstanden werden: Hier ist jeder Facebook-Teilnehmer mit anderen Teilnehmern »sozial« verbunden, wenn eine »Freundschafts«-Beziehung zwischen ihnen besteht. Die Gesamtheit aller Freundschaftsbeziehungen zwischen Facebook-Teilnehmern lässt sich als ein Netzwerk modellieren. Auch für soziale Netzwerke gilt, dass unterschiedliche Arten von Relationen für die Vernetzung genutzt werden können. Bei Twitter kann es etwa die »Follower«-Relation sein, auf einem Blog-Portal die Information, welche Leser welche Beiträge kommentiert haben.

Das soziologische Konzept des sozialen Netzwerks darf nicht gleichgesetzt werden mit den weithin genutzten sozialen Netzwerken im Internet.[170] Letztere prägen soziale Netzwerke im soziologischen Sinne aus und sollten deshalb besser als soziale Medien bezeichnet werden. Da Kommunikation eine der wichtigsten Grundlagen für soziale Ordnung darstellt, können soziale Medien im Umkehrschluss auch als Ressource für die Untersuchung sprachlicher Kommunikation herangezogen werden. Dadurch, dass bestimmte soziale Netzwerke, die von Menschen gebildet werden, durch soziale Medien verwaltet und dokumentiert werden, eröffnen sich also interessante neue Forschungsperspektiven für die Sprachwissenschaft, und das in diesem Ausmaß erst seit wenigen Jahren.

Wie sich Netzwerke erforschen lassen

Für die wissenschaftliche Untersuchung von Netzwerken sind im Bereich der »Netzwerkanalyse« einige gut entwickelte Methoden verfügbar.[171] Die einfachste Herangehensweise besteht darin, quantitative Eigenschaften von Netzwerken zu bestimmen: Wie viele Knoten gibt es, wie viele Kanten, wie groß ist das Verhältnis der realisierten zu den insgesamt im Netzwerk möglichen Kanten (die sogenannte *Dichte*)? Für Wikipedia etwa sind dies wichtige Basisinformationen, die sich von Sprachversion zu Sprachversion unterscheiden.[172]

Die Eigenschaften einzelner Knoten lassen sich mit dem Konzept der *Zentralität* bestimmen. Dabei wird für die Knoten ermittelt, wie viele Kanten zu dem Knoten hinführen und wie viele Kanten von ihm wegführen (die sogenannte *In-* und *Outdegree*-Zentralität). Je nach dem, was die Kanten ausdrücken, lassen sich auf diese Weise besonders wichtige Knoten im Netzwerk identifizieren. Auf welche Artikel also wird besonders häufig Bezug genommen und welche fungieren als »Hubs«, als Verteiler der Verlinkung auf andere? Auch in sozialen Netzwerken können durch Zentralität besonders einflussreiche oder im sozialen Sinne aktive Personen gefunden werden.

Mit der *Pfaddistanz* wird die Anzahl von Kanten bezeichnet, über die man von einem Knoten zu einem bestimmten anderen Knoten gelangt. Pfaddistanzen lassen sich mit der Zentralität eines Knotens in der Weise verbinden, dass bestimmt werden kann, wie viele andere Knoten von einem Knoten in einer bestimmten Anzahl von Schritten erreicht werden können. Bestimmt man hingegen, über welche anderen Knoten die kürzesten Pfade zwischen zwei beliebigen Knoten im Netzwerk verlaufen und zählt diese jeweils für alle Knoten zusammen, kann man diejenigen Knoten bestimmen, über die ganz besonders viele dieser Pfade verlaufen. Derartige Knoten besitzen somit eine Art »Broker«-Status. In Wortnetzen spiegeln Pfaddistanzen Assoziationsketten von einem Konzept zu einem anderen wider.[173] Insbesondere semantische Netzwerke werden oftmals als Modelle der menschlichen Kognition angesehen.[174] In phonologischen Netzwerken bieten kurze Pfaddistanzen Erklärungen für Fehler beim Produzieren oder Verstehen gesprochener Sprache.[175]

Manche Untermengen von Knoten in einem Netzwerk sind oftmals besonders stark miteinander vernetzt. Knotenmengen, die untereinander vollständig, also von jedem Knoten zu jedem anderen Knoten, vernetzt sind, werden als *Cliquen* bezeichnet. Es ist naheliegend, dass Cliquen von Menschen in sozialen Netzwerken für die Sprachwissenschaft besonders interessant sind, da in ihnen Eigenarten der Sprachverwendung bis hin zur Bildung neuer sprachlicher Varietäten zu erwarten ist, zum Beispiel im Bereich von Jugend- oder Fachsprache.

Auch die Ermittlung solcher Knoten, die im Netzwerk hinsichtlich der Art ihrer Vernetzung mit anderen Knoten ganz ähnliche Eigenschaften aufweisen, ist ein wichtiges Verfahren in der Netzwerkanalyse. Wird das Netzwerk als Ganzes betrachtet, können die Knoten auf eine regelgeleitete Art miteinander verbunden sein oder zufällig. Eine auch im linguistischen Zusammenhang wichtige Mischform stellen die *Small World-Netzwerke* da: Die Knoten sind dabei hauptsächlich mit benachbarten Knoten vernetzt, dazwischen gibt es aber immer wieder auch zufällig verteilte Verbindungen zu weiter entfernten Knoten. Derartige Netzwerke sind besonders leistungsfähig, wenn es darum geht, eine hohe Dichte mit kurzen Pfaddistanzen zu verbinden. Mit dem Konzept der *Small World*-Netzwerke lassen sich in Wikipedia thematische Zusammenhänge beschreiben, in Wortnetzen je nach Verbindungstyp grundlegende Zusammenhänge in verschiedenen linguistischen Dimensionen, beispielsweise von Wörtern eines bestimmten semantischen Teilbereichs.

Noch weitergehend ist dies bei den sogenannten *skalenfreien Netzwerken* zu beobachten: Einer exponentiellen Verteilung folgend weisen immer weniger Knoten immer mehr Verbindungen auf und fungieren dadurch zunehmend als Hubs. Auf diese Weise können in sehr großen Netzwerken sehr kurze Pfaddistanzen realisiert werden. Tatsächlich scheint das soziale Netzwerk der Menschheit so aufgebaut zu sein: In sechs Schritten ist es in den allermeisten Fällen möglich, von einem beliebigen Menschen zu einem beliebigen anderen aufgrund von Bekanntschaftsbeziehungen zu gelangen.

Schließlich darf bei der Analyse von Netzwerken nicht die zeitliche Dimension unberücksichtigt bleiben, die Betrachtung der *Netzwerkdynamik*. Die verschiedenen Maße wie Dichte, Zentralität, Pfaddistanz und die partielle oder globale Netzwerktopologie können zu verschiedenen Zeitpunkten miteinander verglichen werden und ermöglichen dadurch Aussagen zur Entwicklung und Veränderung des Netzwerks oder von dessen Teilen. Differenziert sich etwa ein Netzwerk zunehmend zu einem *Small World-*

Netzwerk aus? Gibt es eine generelle Tendenz in Netzwerken dahingehend, dass einzelne Knoten zu Hubs und Brokern werden, sich die Zentralität von Knoten mit bereits hoher Zentralität weiter erhöht? Diese und viele andere Fragen bieten eine ausgesprochen interessante Perspektive für die Untersuchung von Sprachwandel, ob es nun um die Rolle von sozialen Netzwerken für den Sprachwandel geht[176] oder die Rolle Einzelner in Interaktionsgeweben[177].

Alle diese Netzwerkeigenschaften kann man sich gut veranschaulichen anhand des bekanntesten sozialen Mediums: Facebook. Personen, die sehr viele »Freunde« haben, weisen eine hohe Zentralität im Sinne der Netzwerktheorie auf. Besonders viele Pfade von Freundschaftsbeziehungen zwischen Facebook-Mitgliedern laufen über eine solche zentrale Person. Postings dieser Mitglieder erreichen besonders viele andere Mitglieder und verbreiten sich schneller im Netzwerk als die von weniger zentralen Mitgliedern.

Cliquen kann man sich als Freundeskreise auf Facebook vorstellen. Dort sind alle Mitglieder untereinander »befreundet«, Nachrichten werden also sofort untereinander verbreitet. Freundschaftsbeziehungen, die aus dieser Gruppe herausführen, wirken deshalb wie Antennen, von denen über ein einziges Mitglied Nachrichten in die ganze Gruppe hineinkommen oder aus ihr herausgetragen werden können. Dies ist die besondere Eigenschaft von *Small World*-Netzwerken.

Netzwerkdynamik ist das, was jedes aktive Facebook-Mitglied täglich spürt: Neue »Freundschaften« werden angefragt, andere verschwinden, und mit jeder Veränderung dieser Vernetzung ändert sich auch das, was im persönlichen *News Feed* angezeigt wird.[178] Wenn man sich auf Facebook mit einer Person befreundet, die selbst sehr viele Freunde besitzt, wirkt sich diese neue Beziehung auch auf einen selbst aus: Eigene Statusmeldungen die von dem stark vernetzten Freund »geliked« werden, werden dann auch bei sehr vielen mit diesem befreundeten Mitgliedern angezeigt, woraus sich weitere Kontaktanfragen, also Direktverlinkungen, ergeben. Durch einen Kontakt mit derartigen Hubs lässt sich also stetig wachsender Einfluss im Netzwerk erzielen.

Struktur und Dynamik von Netzwerken bewerten

Die Gewebemetapher bringt in Gestalt der Netzwerkanalyse nicht nur neue methodische Zugänge mit sich, sondern provoziert auch ganz neue Fragestellungen, die anders als mit einem netzwerkanalytischen Instrumentarium gar nicht zu beantworten wären. Die Germanistin Eva Gredel etwa zeichnet mit einem Vergleich der unterschiedlichen Versionen von Wikipedia-Artikeln mit den dazu stattgefundenen Diskussionsprozessen nach, wie Wissen durch Diskurse sozial konstruiert wird.[179] Ihr gelingt damit ein Brückenschlag zwischen einer soziophilosophischen Diskursanalyse, wie sie Michel Foucault begründet hat, mit einer empirischen Analyse digitaler Kommunikationsprozesse. Mit ähnlichen Methoden wird auch die lokale Netzwerktopologie von politisch »aufgeladenen« Begriffen wie dem der »Nation« in verschiedenen Sprachversionen von Wikipedia untersucht und deren kulturelle Verortung in der jeweiligen Sprachgemeinschaft ermitteln – zumindest wie sie sich als Ergebnis von Wissensaushandlungsprozessen auf Wikipedia präsentieren.[180]

Der Informatiker Alexander Mehler untersucht mit seinem Team an der Goethe-Universität Frankfurt die Wortnetzwerke des Wiktionary-Wörterbuchs – einem parallel zu Wikipedia kooperativ entwickelten Online-Wörterbuch –, das er als ein Beispiel für ein skalenfreies Netzwerk identifiziert.[181] Die Eigenschaft der Skalenfreiheit findet er nicht nur in diesem Wörterbuch selbst, sondern auch in der Partizipationsdynamik der Wiktionary-Autoren. Mehler ermittelt daraus eine Verzerrung der Artikel-Verteilung in diesem Wörterbuch, die auf die überdurchschnittlich hohe Aktivität einzelner Autoren zurückzuführen ist. Eine solche Netzwerkanalyse eines Wörterbuchs ist tatsächlich nur dann möglich, wenn es wie das Wiktionary digital und mit allen Metadaten zu seiner Entstehung vollständig verfügbar ist.

Problematisch ist also die »Ungleichmäßigkeit«, die in großen Netzwerken besteht, die von Menschen ohne zentrale Planung erstellt werden. Man kann jedoch zusätzliche Verbindung automatisch integrieren[182]; das Gewebe wird also nicht nur analysiert, sondern auch aktiv erweitert. Mit Methoden aus dem Bereich des Maschinellen Lernens werden dabei beispielsweise im Wortnetzwerk

WordNet neue Verbindungen zwischen Knoten erzeugt, die deren wechselseitige Bedeutungsrelationen beschreiben, ohne dass diese an irgendeiner Stelle im Netzwerks explizit aufgeführt oder auch nur indirekt ableitbar wären. Das relationale Wörterbuch kann dadurch homogenisiert werden – der Computer wird zum Lexikografen.

Bei der Untersuchung von Interaktionsgeweben rücken die Kommunikationsbeteiligten mit ihren spezifischen Äußerungen in den Blick.[183] Als besondere Herausforderung gilt dabei die große Dynamik, die Kommunikationsverläufe aufweisen. Auch die soziale Ebene, die dem Interaktionsnetzwerk als soziales Netzwerk unterliegt, muss in ihrem Einfluss auf die Produktion und Rezeption von Kommunikationsakten Berücksichtigung finden.

In diversen Studien hat Angelika Storrer für unterschiedliche Typen von Online-Interaktionen gezeigt, welcher Nutzen trotzdem aus der netzwerkorientierten Perspektive auf Kommunikation gezogen werden kann.[184] So zeigt sie, dass in unterschiedlichen kommunikativen Zusammenhängen in der Interaktion große Varianz beim Sprachstil der Beteiligten zu verzeichnen ist. Das digitale Medium ruft keineswegs einen »Internet-Stil« hervor, stilistische Variation geschieht vielmehr im jeweiligen Interaktionszusammenhang. Dieser wird, wie sie anhand von Chat-Gesprächen zeigt, in hohem Maße durch die Bildung von Teilnetzwerken in Gestalt von Chat-Räumen unterstützt – im netzwerkanalytischen Sinne ist das nichts anderes als die Förderung der Cliquen-Entstehung.

Dass in solchen Chat-Räumen sogar mit räumlichen

Ausdrücken gearbeitet wird, die tatsächlich zur Orientierung in dieser rein virtuellen Sphäre beitragen, hat Michael Beißwenger gezeigt.[185] Einige sprachliche Faktoren besitzen einen geradezu diskursorganisatorischen Charakter, wie es Laura Herzberg anhand des Ausdrucks von Höflichkeit in Wikipedia-Diskussionen untersucht.[186] Formen der Höflichkeit haben eine direkte Auswirkung auf den Verlauf von Konflikten, und diese wiederum sind ausschlaggebend bei der Wissensaushandlung, die sich in den Wikipedia-Artikeln als deren Produkten niederschlägt.

In einem anderen Bereich ist die Messung und Auswertung der kommunikativen Dynamik von großem Interesse.[187] Bei der Bewertung des wissenschaftlichen Einflusses einer Person verschiebt sich derzeit der Betrachtungsfokus von der Zitationsanalyse von Publikationen zu einem weiter gefassten wissenschaftlichen Kommunikationsprozess. Mit sogenannten »Altmetriken« (kurz für »alternative Metriken«) werden auf sozialen Medien, die sich wie *ResearchGate* oder *Academia.edu* an Wissenschaftlerinnen und Wissenschaftler richten, die dort verzeichneten Kommunikationsakte ausgewertet, an denen diese beteiligt sind, um für sie einen »Score« zu berechnen. Dieser Score soll Auskunft darüber geben, wie groß die Dichte ihrer Vernetzung als Knoten im sozialen Netzwerk der Wissenschaft ist. Ob es sich nun um den Download eines wissenschaftlichen Papiers handelt, eine Kontaktaufnahme, das Zitieren oder eine inhaltliche Diskussion – alles fließt gewichtet in den Score ein. Dieser Wert wird nach außen dokumentiert und entfaltet somit selbst eine Wirkung im sozialen Netzwerk der Wissenschaft.

Soziale Netzwerke sind für die Untersuchung von Sprachwandel besonders ergiebig. In verschiedenen Simulationsstudien konnte gezeigt werden, dass die Eigenschaften der Weitergabe sprachlichen Wissens über mehrere Generationen hinweg deutliche Auswirkungen auf den Erwerb von grammatischen und lexikalischen Regeln und somit auf die Evolution von Sprache haben können.[188] Auch in sozialen Netzwerken, die nicht selbst einer Dynamik unterliegen, setzen sich sprachliche Neuerungen sehr unterschiedlich durch. Dies geschieht in Abhängigkeit davon, wie groß die Vernetzungsdichte einzelner Beteiligter bei weitgehender Homogenität im übrigen Netzwerk ist. Derartige Studien sind ein erster Ansatzpunkt für ein tiefergehendes Verständnis von Prozessen des sprachlichen Wandels – dieser wird zwar schon seit langer Zeit in der Sprachwissenschaft beobachtet und ist recht gut durch Regeln (beispielsweise Lautgesetze) beschreibbar; worauf jedoch Reichweite und Gültigkeit dieser Regeln zurückzuführen sind, ist noch weitgehend unbekannt.

Netzgeflüster – das kommunikative Bild der Sprache

Das Bild der Sprache, das in diesem Kapitel gezeichnet worden ist, stellt Sprache in ihrem kommunikativen Kontext dar. Dieser Kontext ist ein Gewebe aus Wörtern und

Bedeutungen, Äußerungen im Netz des Diskurses von Menschen in ihren Beziehungen zueinander. Die digitale Erfassung dieses Gewebes erlaubt nun endlich, diese Phänomene auf umfangreicher Datenbasis empirisch zu untersuchen. Formal als Netzwerk modelliert sind sie den statistischen Verfahren der Netzwerkanalyse zugänglich.

Die sprachwissenschaftliche Untersuchung kommunikativer Gewebe ist besonders ergiebig, wenn sie auf vollständig erhobenen Datenbeständen beruht. Dies ist bei Computer-vermittelter Kommunikation der Fall, also bei Kommunikationsereignissen, die Twitter, Facebook, Blogs oder anderen sozialen Medien entstammen. In ihnen ist für jeden einzelnen Kommunikationsakt bekannt, was genau er beinhaltet, wann er von wem getätigt wurde und an wen er sich richtet. Eine derartige Vollständigkeit und Genauigkeit ist bei der Aufzeichnung der Äußerungen von Anwesenden in einer Gesprächssituation nicht erreichbar. Die Kommunikation in sozialen Medien ist deshalb nicht nur ein Beispiel für neuere Entwicklungen bei technisch unterstützter Kommunikation. Sie bildet zugleich auch einen Laborfall für die Untersuchung kommunikativer Gewebe, und die daraus gewonnenen Erkenntnisse lassen sich, so zumindest die Überlegung, auf Kommunikationsverläufe anderer Art übertragen.

Die Auffassung von sprachlicher Kommunikation als die eines mehrdimensionalen Gewebes von Bezügen zwischen Menschen, Äußerungen, Wörtern und Konzepten bricht mit der rationalistischen Idealisierung von Kommunikation, wie sie in der Antike durch die Dialektik angelegt und im 20. Jahrhundert zur Logizentrik radikalisiert wurde. Nicht die Äußerung selbst trägt eine Bedeutung, diese wird vielmehr determiniert in einem Gewebe von Bezügen, das zudem eigenen Netzwerkeffekten unterliegt. Damit bilden nicht mehr idealisierte Interaktionen die Grundlage für die Erforschung von Diskursen, sondern es werden reale Interaktionszusammenhänge in den Blick genommen. Vielleicht ist gerade das die wichtigste Erkenntnis bei der Betrachtung kommunikativer Gewebe: In ihnen tritt die in der Linguistik lange vernachlässigte Sozialität wieder in den Vordergrund, die Sozialität von Menschen in ihrer Interaktion im Medium der Sprache.

8
Neue Perspektiven durch neue Methoden

Der Mitbegründer der Online-Partnervermittlungsbörse *OkCupid* Christian Rudder ist nicht nur Musiker und sporadischer Filmschauspieler, sondern auch ausgebildeter Mathematiker mit einem Abschluss von der Harvard-Universität. 2014 analysierte er die von Millionen von Mitgliedern auf dieser Plattform hinterlassenen Daten und stellte seine Ergebnisse in einem Buch dar. Dieses Buch ist eine Fundgrube für die Art von Erkenntnissen, die man mit digitalen Verarbeitungsverfahren aus vernetzten Textbeständen und Kommunikationsdaten beziehen kann.[189]

Neben diversen statistischen Untersuchungen zu Attraktivität, Vorlieben und Interessen der männlichen und weiblichen Mitglieder der Partnerbörse beschreibt Rudder auch sprachliche Merkmale der Texte in Profilen und Nachrichten. So lassen sich etwa kurzfristige Veränderungen des Kommunikationsverhaltens nachweisen, die offenbar auf den technologischen Wandel zurückzuführen sind. Eine dieser Untersuchungen lässt bei den zwischen den Mitgliedern ausgetauschten Nachrichten klar erkennen, wie deren durchschnittliche Länge im Zuge der zunehmenden Verbreitung von Smartphones ab 2007 um nicht weniger als Zweidrittel ihres Umfangs abgenommen hat. Dies geht höchstwahrscheinlich auf den Wandel des Schreibens per Touchscreen-Tastaturen anstatt am Desktop-Computer zurück.[190]

In einer anderen Studie beschreibt er die unterschiedlichen Begriffe, die Männer und Frauen verschiedener Bevölkerungsgruppen (weiße/schwarze Männer/Frauen, Latinos/Latinas, Asiaten/-innen) in ihren eigenen Profilen besonders bevorzugen. Im Vergleich mit den männlichen bzw. weiblichen Mitgliedern überhaupt ermittelt er für jede dieser Gruppen die statistisch »typischsten« Wörter oder Wortfolgen: *my blue eyes, dreads, colombian* und *tall for an asian* bei den Männern, *my blue eyes, soca* (eine karibische Musikrichtung), *latina* und *taiwan* bei den Frauen.[191]

Rudder kann mit seinen Untersuchungen auch zeigen, welchen Veränderungen die Kommunikation unter den Mitgliedern der Börse in Abhängigkeit von Eigenschaften der Profilseite eines Mitglieds unterliegt, insbesondere der sprachlichen Selbstdarstellung und der Art und Größe des Portraitbildes. Allein die Vergrößerung des Profilbildes führte beispielsweise dazu, dass diejenigen Mitglieder der Partnerbörse, die schon zuvor viele Kontaktanfragen bekamen, nun noch mehr Anfragen erhielten, während bei den weniger Attraktiven eine sinkende Anzahl von Anfragen zu verzeichnen war – der klassische Matthäus-Effekt.[192]

Sprache als Gewässer

In den vorangegangenen drei Kapiteln haben wir gesehen, dass Sprache in Sammlungen, auf der Fläche, im Raum und als Gewebe untersucht werden kann. Mit Unterstützung des Computers als Werkzeug werden Korpora, multimodale Zeichenflächen oder -räume und Netzwerke analysiert, um Konstruktionen, Muster und Netzwerkphänomene als Hervorbringungen sprachlicher Kommunikation zu erfassen.

Es wurden dabei unterschiedliche Perspektiven auf ein neues Bild von Sprache eingenommen. In diesen drei Perspektiven treten quantitative Eigenschaften sprachlicher Erzeugnisse, physische Eigenschaften ihrer Realisierung und kommunikative Eigenschaften ihrer Verwendung hervor. Diese drei Perspektiven können auch zusammengeführt werden: Korpora computervermittelter Kommunikation verbinden etwa die quantitative Perspektive mit der kommunikativen. Die Untersuchungen, die Christian Rudder in seinem Buch beschreibt, zeigen eindrücklich, wie quantitative und qualitative sprachliche Eigenschaften der Profilseiten, ihre visuelle Gestaltung und kommunikative Dynamiken einander gegenseitig beeinflussen. In diesen Studien fließen alle drei Perspektiven zusammen: die Sammlung, die Fläche und das Gewebe.

Diese drei Konzepte beschreiben aber nicht nur verschiedene Perspektiven auf die Hervorbringungen sprachlicher Kommunikation, sie kennzeichnen zugleich auch bestimmte sprachwissenschaftliche Darstellungs- und Vermittlungsmethoden: Sammlungen in der Gestalt von Listen mit Belegen für sprachliche Phänomene, die aus Korpusanalysen gewonnen wurden; Flächen und Räume in Gestalt von Visualisierungen statistisch ermittelter Erkenntnisse; und Gewebe in Gestalt von Netzwerk-Graphen, durch die die Topologie sprachlicher Netzwerke ganzheitlich erfassbar wird.

Das Bild, das sich Menschen von der Sprache machen, war und ist immer abhängig von den Methoden ihrer Erfassung und Beschreibung. So ist das antike und mittelalterliche Bild von Sprache, wie wir zu Beginn dieses Buchs gesehen haben, geprägt von den Erfordernissen einer ins Schriftmedium verlagerten Rhetorik. Die Grammatik war dadurch auf einen präskriptiven, auf die Schriftsprache bezogenen Regelbegriff fixiert, dem ein idealisiertes Verständnis von Sprachbedeutung und -verwendung zugrunde lag. Strukturalismus, Generative Grammatik und Formale Semantik führten dieses Bild bis zum Ende des 20. Jahrhunderts in radikalisierter Form weiter.

Das durch eine digitale Sprachwissenschaft gezeichnete neue Bild der Sprache, das wir uns in den vorangegangenen drei Kapiteln näher angesehen haben, betont statt einer Verabsolutierung der grammatischen Regel die auf statistischen Kookkurrenzen beruhende Konstruktion, statt der reinen Sprachlichkeit die Multimodalität und statt der rationalistischen Idealisierung von Sprache ihre Einbettung in ein Gewebe sprachlicher, kommunikativer und sozialer Bezüge. Wenn man nun nach einer übergreifenden Charakterisierung für diese drei Perspektiven sucht, so sind die Begriffe »Pluralität« und »Fluidität« dafür besonders geeignet: Mit *Pluralität* ist die Vielfalt der sprachlichen Erscheinungsformen in verschiedenartigen Kommunikaten gemeint, im Verbund mit anderen Zeichensystemen und Modalitäten und in unterschiedlichen kommunikativen Zusammenhängen. Überall bilden sich spezifische sprachliche Merkmale aus, und eine Momentaufnahme eines Bereichs der Sprachverwendung lässt sich als Teil einer bereits existierenden oder neu entstehenden Varietät der Sprache beschreiben.

Die Vielzahl der beschreibbaren sprachlichen Varietäten lässt den zweiten Begriff umso deutlicher hervortreten, den der *Fluidität*. Varietäten sind Artefakte, mit denen die Eigenschaften bestimmter Sprachverwendungszusammenhänge beschrieben werden können. Die Sprache selbst aber passt sich wie ein Gewässer unterschiedlichen kommunikativen Anforderungen an, sie ist fluide. Zwar lässt sich ein Gewässer und so auch die Sprache kanalisieren, aufstauen oder in Gefäßen abfüllen, aber wirklich beherrschen lässt sie sich dadurch nicht. Sie kann nicht geformt werden, sie kann nicht am Fließen, Tropfen und Sickern gehindert werden, wenn die Voraussetzungen dafür bestehen.

Diese beiden Begriffe, Pluralität und Fluidität, lenken die Aufmerksamkeit auf die Frage, inwiefern es sich bei der Sprache um ein Kulturgut handelt, das geschützt, gepflegt und entwickelt werden muss. Die unterschiedlichen Auffassungen zu dieser Frage lassen sich am besten durch zwei Bilder verdeutlichen. Nach dem einen ist die Sprache zu pflegen wie ein Park.[193] In diesem Bild wird zwar deutlich, dass Sprache keine ausschließlich menschliche Entwicklung ist, ebenso wenig wie die Pflanzen in einem Park allein aufgrund der botanischen Fähigkeiten der Gärtner wachsen und Ableger bilden. Trotzdem ist ein Park planvoll angelegt, kann deshalb auch verwahrlosen und missbraucht werden. Ein Park ist die schön inszenierte Natur, und das Bild von der Sprache als einem Park betont somit auch die aus sprachpflegerischen Bemühungen hervorgegangene Standardvarietät einer Sprache, im Deutschen die neuhochdeutsche Schriftsprache. Die Menschen haben die Aufgabe, ihren Park vor Verwilderung zu schützen und eine unsachgemäße Nutzung, beispielsweise durch Gemüsebeete oder wilde Camper, zu unterbinden. Dann bestehen beste Voraussetzungen dafür, sich in diesem Park erholen und sich an der darin ausgestellten Natur erfreuen zu können.

Mit einem solchen Bild lässt sich gut die vermeintliche Notwendigkeit von Sprachpflege legitimieren oder pauschal der Wandel von Sprache kritisieren. Mit Pluralität und Fluidität lässt es sich hingegen nicht in Einklang bringen. Ein alternatives Bild der Sprache, das diesen Begriffen Rechnung trägt, wurde bereits an mehreren Stellen dieses Buchs erwähnt: Es ist das des Gewässers. Stellen wir uns also ein ausgedehntes Feuchtbiotop vor, in dem das Wasser für die Sprache steht. Die Tiere und Pflanzen, die in diesem Biotop leben, bilden zusammen mit dem Wasser, der Luft, den klimatischen Bedingungen und der Boden-beschaffenheit ein Ökosystem, das sich, sofern sich keine der Rahmenbedingungen grundlegend ändert, in ein öko-logisches Gleichgewicht einpendelt. Kontinuierlicher Zu-fluss und Abfluss von Wasser kann nach und nach seine Zusammensetzung verändern, und durch die Gewässer-verbindungen besteht für die Lebewesen eine Verbindung in benachbarte Biotope; vielleicht siedeln sich auch neue Tiere und Pflanzen an, die von dort kommen. Die Lebe-wesen im Biotop benötigen das Wasser zum Überleben, ohne dass sie sich dessen vollständig bewusst sind und ohne dass sie die genaue Zusammensetzung des Wassers kennen. In manchen Bereichen des Biotops kann das Was-ser sehr trübe sein, in anderen klar, an einer Stelle fließt es schneller, an einer anderen mag es stehen. Entsteht im Ufer irgendwo ein Durchbruch, breitet sich das Wasser sofort aus und fließt in vorher trocken gelegene Gebiete.

Natürlich kann auch auf ein solches Biotop von außen Einfluss genommen werden. Es können Sicherungen der Ufergebiete vorgenommen und Verbindungskanäle ange-legt werden. Was aber nicht gelingt, ist, das Biotop als ein Ökosystem so zu steuern, dass es sich in einer vorgege-benen Weise entwickelt. Es gibt einfach zu viele Einfluss-faktoren. Man kann das Biotop jedoch schützen und da-für sorgen, dass es die Fähigkeit bewahrt, immer wieder von selbst einen optimalen Zustand als Ökosystem einzu-nehmen.

Was folgt daraus für den Umgang mit Sprache?

Was besagt dieses Bild der Sprache nun für die verschiedenen Handlungsfelder, die eine möglichst klare Vorstellung davon, was Sprache ist, voraussetzen? Anhand einiger ausgewählter Bereiche möchte ich diese Frage zu beantworten versuchen.

Wolfgang Klein bezeichnet das Deutsche im *Ersten Bericht zur Lage der deutschen Sprache,* 2013 gemeinsam herausgegeben von der Deutschen Akademie für Sprache und Dichtung und der Union der deutschen Akademien der Wissenschaften, sinngemäß als einen Konzertflügel, den man, bevor man die Musik kritisiert, selbst zu spielen lernen sollte.[194] Dieser Vergleich richtet sich gegen eine ungerechtfertigte Kritik an der vorherrschenden *Sprachkultur,* die angeblich durch Verlust, Verflachung, mangelnde Ausdrucksgenauigkeit, Nachlässigkeit und »Sprachvermischung« gekennzeichnet sein soll. Natürlich hat er recht mit diesem Vergleich, aber nicht nur implizit bezieht er sich im Kontext seines Aufsatzes damit insbesondere auf die Standardvarietät des Deutschen, die neuhochdeutsche Schriftsprache. Der Konzertflügel bedarf jedoch eines ganzen Orchesters, um seine Stellung als führendes Instrument einnehmen zu können. Will man eine ganz bestimmte musikalische Atmosphäre erzeugen, sind also auch die anderen Instrumente des Orchesters nötig.

Übertragen auf die Sprache kann man deshalb sagen, dass neben der Standardvarietät auch die vielen anderen Varietäten erforderlich sind, um ein Gesamtbild einer

Sprache zu erhalten. Sprachkultur und Sprachpflege dürfen sich nicht nur auf die neuhochdeutsche Schriftsprache beziehen, sondern sollten auch die vielen anderen Varietäten berücksichtigen, wie sie aufgrund von geografischer, stilistischer oder sozialer Variation erkennbar sind. Die Linguistik hat dies längst erfasst, aber auch im Verständnis der Sprachkultur muss diese Vielfalt deutlicher wahrgenommen finden.

Ein grundsätzliches Verständnis von Sprachkultur bildet oftmals die Voraussetzung für Positionen zu Fragen der *Sprachnormierung,* und diese Positionen werden oftmals mit besonderer Vehemenz vertreten. Sprache bildet dabei einen herausstechenden Bereich für Fragen der Identität einer Gesellschaft. So bilden die dabei geäußerten Auffassungen von Sprachkultur oftmals das kulturelle Selbstverständnis einer Gemeinschaft insgesamt ab. Sprachnormierung und Sprachpflege kommt beispielhafte Bedeutung dahingehend zu, wie mit gesellschaftlichen Veränderungen oder Bedrohungen umgegangen wird. Die Pluralität sprachlicher Varietäten und die Fluidität der Sprachverwendung, durch die jede kommunikative »Lücke« umgehend gefüllt wird, bleiben dabei unberücksichtigt, ja werden als solche abgelehnt.

Pluralität ist mit einem verabsolutierenden Blick auf die Standardvarietät nicht erwünscht, und die Fluidität von Sprache wird ignoriert, da sie von der Unmöglichkeit zeugt, die Entwicklung einer Sprache steuern zu können. Pluralität wird stattdessen als Abweichung oder Abkehr angesehen, Fluidität als Verflachung oder Verfall. Sprachwissenschaftlich sollte dem entgegengetreten werden durch Studien, in denen auf verständlich geschriebene Weise einzelne Varietäten dargestellt und linguistisch erklärt werden. Vorbildlich hat die Potsdamer Germanistin Heike Wiese dies für das so von ihr benannte »Kiezdeutsch« vorgemacht.[195]

Was das für einen »politisch korrekten« Sprachgebrauch bedeutet, spielt Anatol Stefanowitsch in seinem Essay *Eine Frage der Moral* durch.[196] Er versteht es als ein moralisches Anliegen, mit und über andere Menschen nicht in Bezeichnungen zu sprechen, die von diesen als diskriminierend empfunden werden. Dies begründet er nicht nur moralphilosophisch – wenn man selbst nicht in gewisser Weise angesprochen werden möchte, sollte man dies genauso wenig anderen gegenüber tun –, sondern auch mit Rückgriff auf Korpusanalysen in Frage kommender Wörter. Er zeigt, wie etwa die Bezeichnung *Zigeuner* besonders häufig die Kollokate *bettelnd, reinrassig, asozial, feurig, rassig, dreckig, verfolgt, schlafend, verdammt* und *tanzend* aufweist, während bei der Bezeichnung *Sinti und Roma* eine derartige Häufung negativer Zuschreibungen nicht festzustellen ist.[197] Das abwertende Potenzial von Wörtern wie *Zigeuner*, das gelegentlich mit Rückgriff auf Etymologie und Wortgeschichte bestritten wird, lässt sich auf diese Weise recht genau bestimmen, und die statistische Häufung derartiger abwertender Wörter spiegelt sich in diskriminierenden kulturellen Zuschreibungen wider, die es zu vermeiden gilt.

Auch in der *sprachwissenschaftlichen Bewertung* der Situation einer Sprache wird überwiegend auf die Standardvarietät abgehoben. Wolfgang Klein etwa betrachtet im *Ersten Bericht zur Lage der deutschen Sprache* die Entwicklung des deutschen Wortschatzes korpusbasiert für die neuhochdeutsche Schriftsprache.[198] Er ermittelt einen Anstieg der Größe des deutschen Wortschatzes bezogen auf die letzten einhundert Jahre und wertet dies als einen Ausbau der sprachlichen Ausdrucksfähigkeit des Deutschen. Exemplarisch stellt er einzelnen Verlusten im Vokabular lexikalische Zugewinne entgegen.

Peter Eisenberg analysiert im gleichen Band in ähnlicher Weise sehr detailliert das Vorkommen von Anglizismen in vergleichbar aufgebauten Korpora vom Beginn des 20. Jahrhunderts und um das Jahr 2000 herum.[199] Zwar stellt er für diesen Zeitraum eine starke Zunahme der Verwendung von Anglizismen fest, doch bestünde zugleich ein großer Integrationsdruck der deutschen Kerngrammatik, aufgrund dessen der strukturelle Einfluss der Anglizismen marginal sei.[200] Auch diese Befunde beziehen sich auf die neuhochdeutsche Schriftsprache, wie sie in Zeitungsartikeln, Sachbüchern und Belletristik ausgeprägt ist, und nicht auf andere Varietäten, in denen manche der untersuchten Entwicklungen sehr viel deutlicher ausgeprägt sind. Den Autorinnen und Autoren des *Ersten Berichts* muss allerdings zugutegehalten werden, dass der *Zweite Bericht zur Lage der deutschen Sprache,* der von ihnen im Jahr 2017 vorgelegt wurde, explizit die Vielfalt der Varietäten im Deutschen in den Blick nimmt.[201]

Die insgesamt positive Einschätzung, zu der Klein und Eisenberg für die Entwicklung des Deutschen im Bereich der Lexik kommen, dürfte allerdings viele Menschen mit einem sprachkritischen Anliegen nicht überzeugen, bezieht sie sich doch auf zumeist professionell geschriebene, redaktionell überprüfte, zum Teil literarische, lektorierte Texte, worauf Klein auch durchaus hinweist. Jemand, der die Varietäten-Pluralität nicht gelten lässt, könnte jedoch auf die überhaupt nicht erfassten Formen der Sprachverwendung in Werbung und Wirtschaft, Sport, Medien und Populärkultur verweisen. Er könnte aus seiner Sicht fragen, ob denn nicht in diesen Bereichen eine Abkehr von der Standardsprache stattfände, Ausdrucksreichtum zurückginge und die Verwendung überflüssiger Anglizismen (und anderer Fremdwörter) stark zunähme. Auch eine vor allem auf absolute Zahlen setzende Bewertung der Wortschatzentwicklung, wie sie Klein und Eisenberg vornehmen, könnte er kritisieren und derzeit unwiderlegbar behaupten, dass der Umfang des Vokabulars und dessen Varianz in der konkreten, oft auch mündlichen Verwendung in bestimmten, insbesondere öffentlichen Bereichen eher gesunken sei – unabhängig davon, wie gut sich die geschriebene neuhochdeutsche Standardsprache auch entwickelt haben mag.

Die Gegensätzlichkeit derartiger Positionen erinnert an die Situation in einem ganz anderen Bereich: Wirtschaftspolitische Diskussionen bewegen sich oftmals zwischen einer volkswirtschaftlichen Gesamtsicht auf der einen Seite und der Betrachtung einzelner Teilbereiche der wirtschaftlichen Entwicklung auf der anderen. Die Auffassung etwa, dass sich ein Land seit Jahren in einer sehr guten konjunkturellen Entwicklung befindet, das durchschnittliche Vermögen der Privathaushalte gestiegen ist und die Steuereinnahmen sich auf Rekordniveau bewegen, muss keineswegs im Widerspruch stehen zu Aussagen, nach denen die Zahl der Beschäftigungsverhältnisse im Niedriglohnsektor einen Höchststand erreicht habe oder das Realeinkommen von Mittelschichtsfamilien gesunken sei.

Für die Sprachwissenschaft heißt das, dass sie sich gleichermaßen mit dem Sprachsystem als Ganzem wie auch mit der Pluralität der Varietäten befassen und die Zusammenhänge und Übergänge dazwischen erklären können muss. Der Verweis auf die Robustheit der Sprache allein reicht nicht aus, wenn es darum geht, markante Entwicklungen in einzelnen Varietäten wissenschaftlich zu bewerten. Das darf allerdings nicht bedeuten, im Umkehrschluss die sprachlichen Verhältnisse des 19. Jahrhunderts wiederherstellen zu wollen. Dies ist genauso wenig möglich wie die Wiederherstellung der wirtschaftlichen Verhältnisse der Adenauer-Ära. Die Bewertung der Gegenwart darf sich deshalb nicht an jenen vergangenen Zeiten orientierten, sondern an den kommunikativen Ansprüchen und Bedürfnissen von heute.

Im zweiten Kapitel haben wir gesehen, wie das Bild der Sprache seit der Antike geprägt worden ist durch ihre Funktion in den drei sprachlich-angewandten Freien Künsten Rhetorik, Grammatik und Dialektik. Dieses Bild wurde durch ein Bildungssystem weiter gestärkt, das die zentralen Merkmale der Regelorientierung, der reinen Sprachlichkeit und der rationalistischen Idealisierung betonte, etwa im Aufsatz-, Literatur- oder Fremdsprachenunterricht des humanistischen Gymnasiums.[202] Ein Bild der Sprache, das als Grundlage für sprachbezogene Bildungsbereiche in einer digitalisierten Medienlandschaft fungiert, wird sich stattdessen an Daten orientieren, an Schriftlichkeit, Mündlichkeit *und* Multimodalität sowie an den Prozessen der Kommunikation, nicht nur an ihren Produkten. Es stellt sich generell die Frage, ob mit dieser Schwerpunktverlagerung auch die Kompetenzorientierung von Bildung beim sprachlichen Lernen in Frage gestellt werden muss, kann diese doch als die Fortsetzung einer historisch gewachsenen Auffassung von Normativität verstanden werden.

Für die *Sprachdidaktik* kann dies nur bedeuten, die sprachwissenschaftlichen Entwicklungen, wie sie in den Kapiteln zu Sammlungen, Flächen, Räumen und Geweben dargestellt wurden, sowohl als Materialgrundlage als auch als Zugangsweise zu sprachlichen Phänomenen zu erschließen. Ein solcher Ansatz trifft auf Schülerinnen und Schüler, denen die Digitalisierung der sprachlichen Kulturtechniken des Lesens und Schreibens seit jeher vertraut ist und denen multimodale Kommunikation in sozialen Medien nicht nur eine Selbstverständlichkeit geworden ist, sondern eine unumstößliche Notwendigkeit. In einer sich darauf einstellenden Sprachdidaktik treffen die Methoden und Materialien einer digitalen Sprachwissenschaft auf eine Generation junger Menschen, die als erste überhaupt *vollständig* unter den Bedingungen der Digitalität sprachlich sozialisiert wurden.

Eine digitale, vernetzte Sprachwissenschaft ist entstanden

Das neue Bild der Sprache, das in diesem Buch skizziert wird, ist eine Folge der Digitalisierung. Wir haben in den drei vorangegangenen Kapiteln eine ganze Reihe neuartiger Methoden betrachtet, die in der traditionellen, nicht-digitalen Sprachwissenschaft keine oder nur geringe Entsprechungen besitzen. Im Zentrum steht dabei die automatisierte Erstellung, Anreicherung und Auswertung großer Korpora geschriebener oder gesprochener Sprache. Zwar wurde auch zuvor schon mit Textkorpora gearbeitet, doch waren diese fast nie groß genug, um generalisierbare Aussagen mit den Mitteln der Statistik daraus ableiten zu können. Multimodale Texte oder sogar ganze Interaktionsräume sind aufgrund der Aufzeichnung von Blickbewegungen analysierbar, Mustererkennungsverfahren erlauben es, auch visuelle Eigenschaften bei der quantitativen Auswertung multimodaler Korpora hinzuzuziehen. Kommunikative Gewebe lassen sich anhand von sozialen Medien erschließen und eröffnen einen ganz neuen Zugang zur Dynamik von Kommunikation.

Eine digitale Sprachwissenschaft kann aber nicht nur auf diese neuen Methoden und Analysetechniken zurückgreifen, sie ist zugleich mit einer Reihe neuartiger Textsorten und Kommunikationssituationen konfrontiert. Seit der Verfügbarkeit des Computers als Werkzeug für das Schreiben von Texten hinterlässt er auch in den Sprachdaten selbst seine Spur. Die Texte und in ihnen die Sprachverwendung haben sich allein schon dadurch gewandelt, dass mit der interaktiven Textverarbeitung durch Programme wie Word Änderungen in den Formulierungen wesentlich leichter zu realisieren sind als im Medium Papier.

Die automatisierte Überprüfung von Rechtschreibung und Grammatik verändert ebenfalls das sprachliche Signal, das in der Linguistik untersucht wird. Noch deutlicher wird dies beim unterstützten Schreiben, wie es durch das Schreiben auf kleinen Smartphone-Tastaturen durch Wortvervollständigungs- und -vorschlagssysteme Einzug gehalten hat. Das individuelle Sprachmodell des Schreibenden, das durch die statistische Auswertung aller seiner zuvor geschriebenen Texte aufgebaut wird, legt Formulierungen nahe, die Eigenarten des Formulierens verstärken und alternative Ausdrucksweisen in den Hintergrund treten lassen. Schließlich gilt es auch, die teil- oder vollautomatisch erzeugten Sprachäußerungen »intelligenter« Lautsprecher wie »Amazon Echo« oder »Google Home« zu berücksichtigen, mit denen wir in zunehmendem Maße kommunizieren und deren Einfluss auf die Verwendung von Sprache sich in der nächsten Zeit zwangsläufig erhöhen wird.

Nicht sehr viel anders verhält es sich mit multimodalen Texten. Auch diese sind mit dem Computer als Werkzeug schneller und günstiger zu gestalten, wobei Programme von Powerpoint bis zu professionellen *Desktop Publishing*-Systemen zum Einsatz kommen. Durch die Verwendung derartiger Systeme, die inzwischen auch teilautomatisch arbeiten, hat sich die Visualität von Texten deutlich erhöht. Dies kann man etwa am Vergleich der Ausgaben von Lehrbüchern oder Zeitschriften von vor 30 oder 40 Jahren mit heutigen leicht nachvollziehen.

Schließlich bilden die Erzeugnisse eines »interaktionsorientierten Schreibens«, wie Angelika Storrer es mit Bezug auf Chat- und Messenger-Kommunikation nennt[203], für die Sprachwissenschaft einen zuvor nicht vorhandenen Zugang zur Erschließung großer Bestände alltäglicher Sprachverwendung. Derartige Schreibtechniken sind in vordigitaler Zeit allenfalls in sehr speziellen Situationen eingesetzt worden. Heute haben sie einen Grad der Verbreitung gefunden, durch die die Computer-vermittelte Kommunikation zu einer überaus wichtigen Erkenntnisquelle für die Sprachwissenschaft geworden ist.[204]

Die Sprachwissenschaft ist also sowohl mit neuen Methoden als auch mit neuen Kommunikaten konfrontiert. Dadurch entsteht ein Bedarf an neuen Darstellungsweisen sprachwissenschaftlicher Analysen, da etablierte Verfahren auf manche Fragen keine Antworten bieten: Wie stellt man Eigenschaften eines sehr großen Korpus dar? Wie kann man die Wirkung einzelner Parameter auf ein linguistisches Modell deutlich machen? Wie kann die kommunikative Dynamik in Netzwerken dargestellt werden? In all diesen Fällen spielen computerbasierte Visualisierungstechniken eine wichtige Rolle. Insbesondere Echtzeitvisualisierungen können einen eigenständigen Erkenntnisweg eröffnen, der fließend in die Simulation potentieller Ergebnisse übergeht, sofern die Parameter der Visualisierung interaktiv beeinflusst werden können.

Mit der technologischen Komplexität erwächst fast von selbst ein erhöhtes Maß an Kooperativität zwischen den Forschenden – dies ist in der Sprachwissenschaft nicht anders als in anderen Disziplinen, in denen digitale Verfahren an Bedeutung gewinnen. Kooperation erzwingt die Verabredung von Einheitlichkeit, und als Standardisierungen haben auch diese in die Linguistik Einzug erhalten. Standardisierungen wiederum erlauben den Aufbau von vernetzten Forschungsinfrastrukturen, in denen Sprachressourcen und Verarbeitungswerkzeuge standortunabhängig genutzt werden können. Für die Sprachwissenschaft sind mit dem CLARIN-Verbund (*Common Language Resources and Technology Infrastructure*) auf deutscher wie auch auf europäischer Ebene seit 2008 Voraussetzungen dafür geschaffen worden, um die konkrete Kollaboration von Forschenden auf der Grundlage gemeinsam genutzter Sprachdaten zu ermöglichen.[205]

Es stellt sich die Frage, ob all diese Veränderungen im Fachgebiet der Sprachwissenschaft es rechtfertigen, von einem »disruptiven Wandel« zu sprechen, wie es Gerd Antos 2017 in einem Aufsatz getan hat[206]: »Brauchen wir eine Disruptions-Forschung in der Linguistik?«, fragt er darin schon im Titel, um dann auf die Auswirkungen der Digitalisierung von Daten und Methoden auf ganz unterschiedliche Bereiche dieser Disziplin zu sprechen zu kommen. In zwölf Thesen entfaltet er im weiteren Verlauf seines Aufsatzes Fragestellungen einer digitalen Sprachwissenschaft und markiert darin Themenfelder, auf die sich die Forschung zukünftig erstrecken sollte.

Gerd Antos gehört mit diesem Aufsatz zu den wenigen Wissenschaftlern, denen es ein Anliegen ist, die Auswirkungen des digitalen Wandels auf die eigene, vertraute Disziplin schonungslos zu durchdenken, und dabei schreckt er auch nicht vor radikalen Konsequenzen zurück. Dass die von ihm geschilderten Fragestellungen, die sich als Folgen aus Digitalisierung und Vernetzung für die Linguistik ergeben, durchaus das Potenzial haben, eine scheinbar so ganz anders aufgestellte Disziplin zukünftig zu beschäftigen, lässt sich mit Blick auf die zukünftige Generation der Forschenden durchaus bejahen.

Luciano Floridi bezeichnet in seinem Buch *Die 4. Revolution* die Generation der um das Jahr 2000 Geborenen als »Generation Z« – nicht nur, weil diese Bezeichnung auf die der – ausgiebig thematisierten – Generationen X und Y folgt, sondern auch, weil das Z für Daten im Umfang von Zetta-Bytes steht, was tausend Milliarden Giga-Bytes entspricht, einer Maßeinheit, in der die Hauptspeichergröße heutiger Smartphones beschrieben wird.[207] Es ist die erste Generation, die in das »Zeitalter des Zetta-Byte« hineingeboren wurde und mit einem Supercomputer in Gestalt des Smartphones in der Hand aufgewachsen ist. Diese Generation ist es gewohnt, Datenbanken, interaktive Angebote und digitale Tools zu nutzen, um Aufgaben in Schule, Studium, Alltag und demnächst auch im Beruf zu erledigen. Zugleich fördert die Verfügbarkeit von Daten und informationstechnologischen Verarbeitungsverfahren gerade solche Aufgabenstellungen, die sich in dieser Weise bearbeiten lassen. Digitale Technologien bringen im Laufe der Zeit zwangsläufig eine Digitalkultur hervor.[208]

Floridis »vierte Revolution« bezeichnet den letzten Akt eines Prozesses, in dem der Mensch nach und nach sein Selbstverständnis von Einzigartigkeit verloren hat: die Vertreibung aus dem Zentrum des Universums durch die kopernikanische Wende, aus der Spitze der Schöpfung durch Darwin, dann aus der Herrschaft über sein Ich durch Freud und die Neurowissenschaften. Die Erkenntnis, dass Intelligenz und intelligentes Verhalten auch Maschinen zugebilligt werden muss, muss nun zur Räumung der letzten Bastion des menschlichen Alleinstellungsanspruchs führen. Für die Angehörigen der Generation Z ist das eine Selbstverständlichkeit, und so werden sie auch die Sprachwissenschaft der Zukunft betreiben: datengesättigt, in Kooperation mit Maschinen, auf Statistik, Muster und Netzwerkeffekte ausgerichtet in der Analyse sprachlicher Erzeugnisse von Menschen und Algorithmen.

9
Sprachpolitik und der Kampf um das Deutsche

Warum ist es am Rhein so schön? Das früher beliebte Volkslied gleichen Namens beantwortet diese Frage vor allem mit der Weinseligkeit und der dadurch legitimierten Freizügigkeit trunkener Männer gegenüber jungen Frauen. Es dürfte allerdings noch einen anderen, substantielleren Grund dafür geben, warum der Rhein in so außergewöhnlichem Maße Dichter und Komponisten angesprochen hat, so dass man sogar von einer eigenständigen »Rheinromantik« spricht.[209] Sieht man sich die Aquarelle und Ölgemälde dieser Epoche an, versteht man sofort, warum das so war. Der Rhein war damals noch nicht der meistbefahrene Wasserweg Europas, sondern eine sich selbst überlassene Flusslandschaft, deren Schleifen und Nebenarme riesige Gebiete durchzogen und sich nach jedem Hochwasser neue Verläufe suchten. Ausgedehnte Feuchtbiotope umgaben den eigentlichen Fluss, der sich oft in mehrere Arme aufteilte. Gerade am Oberrhein in den flacheren Gefilden zwischen Mainz und Straßburg kann man noch immer auf Karten erkennen, in welchen Mäandern der Rhein früher verlief, da deren Reste zu Hunderten als Teiche und Seen den heutigen Flussverlauf umgeben.

Dies änderte sich erst mit dem Jahrhundertprojekt der Rheinbegradigung ab 1817.[210] Jahrzehntelang wurden an diversen Stellen Stichkanäle gegraben, die die engen Schleifen des Rheins nach und nach verlanden ließen. Teils durch natürliche Erosionsprozesse, teils durch weitere Uferbegradigungen und Vertiefungen entstand so ein durchgängiger Flussverlauf, der den Charakter des Rheintals auch im ökologischen Sinne stark veränderte. Ab 1907 war der Fluss auf ganzer Länge schiffbar, wodurch auch die wirtschaftliche Entwicklung der Städte an seinen Ufern befeuert wurde. Aus der wilden, ungeregelten und sich ständig verändernden Flusslandschaft mit ihren urtümlichen Feuchtgebieten war eine gradlinig verlaufende, von leistungsfähigen Infrastrukturen für die Schifffahrt umgebene Wasserstraße geworden.

In jener Zeit der Rheinbegradigung wurde auch die deutsche Sprache »begradigt«. 1880 war der »Urduden« erschienen, verfasst von dem Gymnasiallehrer Konrad Duden. Der Erfolg der vielen nachfolgenden Auflagen des Dudens in Schule und Verwaltung und seine offizielle Übernahme für ganz Preußen führte zur Orthografischen Konferenz von 1901 in Berlin, auf der erstmals einheitliche Regelungen für Deutschland, Österreich und die Schweiz vereinbart wurden. Mit dieser Konferenz wurde ein langjähriger Vereinheitlichungsprozess im Bereich der Orthografie abgeschlossen, der nahezu das gesamte 19. Jahrhundert auch in anderen Bereichen beschäftigt hatte.

Aus den mäandernden Varietäten des Hochdeutschen war in dieser Zeit eine für moderne Verwaltungs-, Wirtschafts- und Wissenschaftsansprüche optimierte Standardsprache geworden, die von einer Infrastruktur an Wörterbüchern, Grammatiken, Lehrwerken, Handreichungen und Ratgebern aller Art umgeben war. Ohne dass in Deutschland zunächst eine staatliche Einheit bestand, entwickelte sich eine bürgerliche Sprachkultur, die das Fehlen der Staatlichkeit kulturell kompensierte.[211] Ausgehend von der Literatur der Klassik wurden Volksschule und Gymnasium, Literaturunterricht und der Schulaufsatz zu den Instrumenten dieser Sprachkultur. Fortgesetzt wurde sie in den Zeitungen, Lesezirkeln und Theatern, in dem nie versiegenden Strom neuer Literatur und dem sozialen Distinktionsgewinn durch offen zur Schau gestellte sprachliche Bildung.

Der Rhein und die deutsche Sprache – im 19. Jahrhundert entstand ihre heutige Gestalt, wurden sie zu leistungsfähigen Instrumenten von Wirtschaft, Wissenschaft, Kultur und Bildung. Die romantischen Landschaften, die sowohl der Fluss als auch die Sprache in sich ständig ändernden Verläufen durchzogen hatten, verlandeten und sind heute nur noch als historische Relikte erkennbar.

Die Überlegungen zu einer digitalen Sprachwissenschaft und sich wandelnden Sprachauffassungen, die ich in diesem Buch dargelegt habe, gelten nicht nur für eine bestimmte Sprache. Welche Implikationen das neue Bild der Sprache insbesondere für die deutsche Sprache besitzt, soll deshalb den Schlusspunkt der Erörterung bilden. Die einleitenden Bemerkungen zur Rhein- und Sprach-»begradigung« haben ja gezeigt, dass die Entwicklung und der Erhalt einer standardisierten Sprachform, der neuhochdeutschen Schriftsprache, eine Zielsetzung ist, in der ganz unterschiedliche Interessen der Sprachgemeinschaft zusammenfließen. Die öffentliche Diskussion dieser Ziele in den Ländern des deutschsprachigen Raums spiegelt die verschiedenen politischen Positionen wider, die zu dieser Frage eingenommen werden. Das ist in anderen Sprachgemeinschaften nicht anders, doch weisen solche Positionen jeweils einen spezifischen nationalen Zuschnitt auf. Debatten zu »politisch korrekter« Ausdrucksweise, zu geschlechtergerechten Personenbezeichnungen, zu Fragen der Akzeptanz fremdsprachiger Elemente in der öffentlichen Kommunikation oder zur sprachlichen Bildung werden durch das System von Parteien, Interessengruppen und Medien in besonderer Weise mit allgemeinen politischen Interessen verbunden und dadurch für die Nutzung in aktuellen Auseinandersetzungen »aufgeladen«.

Dies kann man exemplarisch in den Programmen der im Deutschen Bundestag vertretenen Parteien nachvollziehen.[212] Die CDU mit ihrem Grundsatzprogramm von 2007[213] und die Grünen (2002)[214] markieren in dieser Hinsicht die klarsten Positionen: Beide betonen die Bedeutung der Sprache für das öffentliche Leben in Deutschland und die Bildung, und beide Parteien bekennen sich zu ihrer Verantwortung für das Deutsche, ohne dies näher auszuführen. Die CDU erwähnt darüber hinaus auch die Notwendigkeit islamischer Religionslehre in deutscher Sprache, die Deutsch-Vermittlung im Ausland durch die Goethe-Institute und ganz generell die Bedeutung der deutschen Sprache für die Identität des Landes. CSU (2016)[215], SPD (2007)[216] und FDP (2012)[217] beschränken sich auf allgemeine Feststellungen zur Rolle des Deutschen für das öffentliche Leben oder die Teilhabe daran durch Migranten, die FDP und die Grünen weisen explizit auf die Wichtigkeit von Mehrsprachigkeit hin. Auch andere Sprachen kommen in einigen Parteiprogrammen vor: So sprechen sich Die Linke (2011)[218] in ihrer einzigen sprachbezogenen Position und auch die Grünen für den Schutz von Minderheitensprachen aus, während dies in ähnlicher Form die CSU für die deutschsprachigen Minderheiten in den ehemaligen deutschen Ostgebieten tut.

Die siebte Partei, die derzeit im Bundestag vertreten ist, ist die AfD. Ihr Grundsatzprogramm aus dem Jahr 2016[219] bietet ein ganz anderes Bild als das der etablierten Parteien gleich welcher Couleur. Zwar ist darin, bis auf die Förderung von Mehrsprachigkeit, das gesamte Spektrum von Positionen enthalten, wie es auch in den Programmen der anderen Parteien zu finden ist. Darüber hinaus entwickelt die AfD in ihrem Programm jedoch eine Agenda für eine eigenständige Sprachpolitik, die in sechs Punkten zusammengefasst werden kann: Das Deutsche soll als Staatssprache ins Grundgesetz aufgenommen werden, Deutsch soll auch in der täglichen Verwaltungspraxis EU-Sprache werden, die »Ersetzung« des Deutschen aufgrund einer »falsch verstandenen ‚Internationalisierung' durch das Englische«[220] und die »Verunstaltung der deutschen Sprache«[221] durch »behördlich verordnete geschlechterneutrale Worterfindungen«[222] sei zu stoppen und das Deutsche als Lehrsprache an Hochschulen zu erhalten. Die Digitalisierung der deutschen Literatur sei darüber hinaus eine »von Deutschland zu leistende, hoheitliche Aufgabe«[223], die von Sprach- und Literaturwissenschaftlern zu leisten sei.

Das Hauptziel der AfD, so lässt sich diese sprachpolitische Agenda verstehen, dürfte die Aufnahme des Deutschen als Staatssprache ins Grundgesetz sein. Daraus ließen sich konkrete Gesetzgebungsinitiativen ableiten, die die anderen Programmpunkte umzusetzen erlaubten. Es fällt auf, dass insbesondere diese Partei, die sich als eine neue, sich den Interessen der Deutschen besonders verpflichtet sehende politische Kraft begreift, diese so weitgehenden sprachpolitischen Positionen vertritt. Die Betonung des Deutschen scheint dabei die positive Entsprechung zu sein zu den Programmpunkten, die eher den Charakter einer Abwehr von äußeren Bedrohungen besitzen: gegen Einwanderung, den Islam, den Euro und das Gender-Mainstreaming. Dieser von außen über Deutschland gekommenen Unbill, so wohl die Auffassung, muss mit der deutschen Sprache das unstrittig Ureigene entgegengesetzt werden.

Eine Förderung des Deutschen als des Eigenen setzt allerdings eine Sprachauffassung voraus, die einen Eingriff in die sprachliche Pluralität erfordert und eine zu einem bestimmten Zeitpunkt etablierte Standardvarietät festschreibt. Mit der Aufnahme der deutschen Sprache ins Grundgesetz wird diese dann zum Gegenstand politischer und juristischer Debatten, wenn es darum geht, einen entsprechenden Grundgesetzartikel in konkrete rechtliche Gesetze und Verordnungen umzusetzen. Begriffe wie »Verunstaltung« im Parteiprogramm der AfD lassen erkennen, dass dabei auch ästhetische Kategorien ins Spiel kommen. Mit der Kritik an geschlechtergerechter Sprachverwendung werden zugleich weitergehende politische Themenfelder adressiert und somit in Kauf genommen, dass die deutsche Sprache als Arena allgemeinpolitischer Auseinandersetzungen positioniert wird.

Der Kampf um die deutsche Sprache ist mittlerweile in vollem Gange. Die AfD hat die Forderung der Aufnahme des Deutschen als Landessprache ins Grundgesetz im März 2018 als Gesetzentwurf in den Bundestag eingebracht, wo er von den Parteien der Großen Koalition und den anderen Oppositionsparteien abgelehnt wurde.[224] Neben den Schauplätzen der Anglizismenkritik, der Kritik an der Präsenz des Englischen im öffentlichen Raum überhaupt, der Forderung nach Stärkung des Deutschen in der Arbeit der EU-Institutionen und der Ablehnung von »Gendersprache« bot und bietet auch die Reform der deutschen Rechtschreibung seit 1996 viele Gelegenheiten, Truppen zu sammeln und sie gegen den sprachpolitischen Feind in Stellung zu bringen. In immer kürzeren Abständen ereignen sich neue Scharmützel, ob es nun um reale oder vermeintliche Auswüchse »politisch korrekten« Sprachgebrauchs geht, um angeblichen Sprachverfall in Gestalt von »Kiezdeutsch« und anderen Entwicklungen, um Leichte Sprache, die Sprachverwendung in international tätigen deutschen Unternehmen, Schmähpreise sprachkritischer Vereine oder die Sprache in Werbung und Wissenschaft.

Die Pluralität der Sprache aber, die Vielfalt ihrer Varietäten, Varianten, Abweichungen und tastenden Versuche zur Neuorientierung, spiegelt die Vielfalt und die Dynamik unserer Gesellschaft wieder – und dieses neue Bild der Sprache passt deshalb erstaunlich gut zu unserer pluralistischen Gesellschaftsordnung, in der die unterschiedlichen Auffassungen der verschiedenen gesellschaftlichen Gruppierungen durch einen auf Freiheitsrechten und Partizipation beruhenden politischen Prozess kanalisiert werden. Auch die deutsche Standardsprache kann als ein solcher kanalisierter Flussverlauf verstanden werden, der von einer Vielzahl umgebender Gewässer, den Varietäten des Deutschen, gespeist wird. Deren Fluidität erschließt immer wieder neue Gebiete und durchzieht diese mit neuen Wasserarmen, deren Ausrichtung auch den Weg des Hauptwasserwegs der Standardsprache bestimmt.

Das Bild, das wir uns von der Sprache als dem wichtigsten Kommunikationsinstrument und zugleich der wichtigsten kulturellen Errungenschaft machen, prägt auch die Auffassung von Bereichen jenseits der Sprache, denen wir sprachähnliche Eigenschaften zumessen. Wir hatten in der Einleitung zu diesem Buch gesehen, dass Formulierungen wie »die Sprache der Liebe/der Gewalt/des Gesetzes« häufig verwendet werden und dabei auf die Vorstellung, die wir uns von der Sprache machen, indirekt Bezug genommen wird. Dieses Bild war lange kulturhistorisch einseitig geprägt. Das neue Bild der Sprache, das in diesem Buch gezeichnet worden ist, bietet eine Grundlage dafür, den freiheitlichen und partizipatorischen Gedanken von Pluralität und Fluidität, der darin kodiert ist, auch auf andere Bereiche unserer Kultur und Gesellschaft zu übertragen.

Literatur

Albrecht, Steffen (2013): »Kommunikation als soziales Netzwerk? Anreize und Herausforderungen der Netzwerkanalyse von Kommunikationsprozessen«. In: Frank-Job, Mehler & Sutter (Hgg.), 23–46.

Andersen, Øivind (2008): »Rhetoric and stylistics in ancient Rome«. In: Fix, Gardt & Knape (Hgg.), 25–54.

Antos, Gerd (2017): »Wenn Roboter ›mitreden‹ … Brauchen wir eine Disruptions-Forschung in der Linguistik?« In: *Zeitschrift für germanistische Linguistik* 45 (3), 392–418.

Arens, Hans (2000): »Sprache und Denken bei Aristoteles«. In: Auroux et al. (Hgg.), 367–375.

Auroux, Sylvai, E. F. K. Koerner, Hans-Josef Niederehe & Kees Versteegh (Hgg.) (2000): *History of the Language Sciences / Geschichte der Sprachwissenschaften. An International Handbook on the Evolution of the Study of Language from the Beginnings to the Present. Handbücher zur Sprach- und Kommunikationswissenschaft. Band 18.* Berlin, New York: de Gruyter.

Baldry, Anthony & Paul J. Thibault (2006): *Multimodal Transcription and Text Analysis. A Multimedia Toolkit and Coursebook.* London: Equinox.

Bateman, John A. (2008): *Multimodality and Genre. A Foundation for the Systematic Analysis of Multimodal Documents.* Basingstoke et. al.: Palgrave Macmillan.

Bateman, John A. (2014): *Text and Image. A Critical Introduction to the Visual/Verbal Divide.* New York: Routledge.

Baxter, Gareth J. (2016): »Social Networks and Beyond in Language Change«. In: Mehler et al. (Hgg.), 257–277.

Beckage, Nicole M. & Eliana Colunga (2016): »Language networks as models of cognition: Understanding cognition through language«. In: Mehler et al. (Hgg.), 3–28.

Beißwenger, Michael (2007): *Sprachhandlungskoordination in der Chat-Kommunikation. Linguistik – Impulse & Tendenzen. Band 26.* Berlin, New York: de Gruyter.

Beißwenger, Michael (2013): »Raumorientierung in der Netzkommunikation. Korpusgestützte Untersuchungen zur lokalen Deixis in Chats«. In: Frank-Job, Mehler & Sutter (Hgg.), 207–258.

Beißwenger, Michael, Ludger Hoffmann & Angelika Storrer (Hgg.) (2004): *Internetbasierte Kommunikation. Osnabrücker Beiträge zur Sprachtheorie. Band 68.* Bremen: OBST.

Berners-Lee, Tim & Mark Fischetti (1999): *Weaving the Web. The original design and ultimate destiny of the World Wide Web by its inventor.* New York: HarperSanFrancisco.

Besch, Werner (1967): *Sprachlandschaften und Sprachausgleich im 15. Jahrhundert: Studien zur Erforschung der spätmittelhochdeutschen Schreibdialekte und zur Entstehung der neuhochdeutschen Schriftsprache. Bibliotheca Germanica. Band 11.* München: Francke.

Blackbourn, David (2007): *Die Eroberung der Natur. Eine Geschichte der deutschen Landschaft.* München: Deutsche Verlags-Anstalt.

Bleicken, Jochen (1995): *Die athenische Demokratie. UTB. Band 1330.* Paderborn: F. Schöningh, 4. Auflage.

Bradley, Adam J., Travis Kirton, Mark Hancock & Sheelagh Carpendale (2016): »Language DNA: Visualizing a Language Decomposition«. In: *Digital Humanities Quarterly* 10 (4).

Brekle, Herbert E. (1994): »Typografie«. In: Günther & Ludwig (Hgg.), 204–227.

Brinker, Klaus & Sven F. Sager (2010): *Linguistische Gesprächsanalyse. Eine Einführung. Grundlagen der Germanistik. Band 30.* Berlin: E. Schmidt, 5., neu bearbeitete Auflage.

Bubenhofer, Noah (2009): *Sprachgebrauchsmuster. Korpuslinguistik als Methode der Diskurs- und Kulturanalyse.* Berlin, New York: de Gruyter.

Bucher, Hans-Jürgen (2011): »Multimodalität – ein universelles Merkmal der Medienkommunikation: Zum Verhältnis von Medien-

angebot und Medienrezeption«. In: Bucher & Schumacher (Hgg.),
51–82.

Bucher, Hans-Jürgen & Peter Schumacher (2011): »Aufmerksamkeit
und Informationsselektion: Blickdaten als Schlüssel zur Aufmerksam-
keitssteuerung«. In: Bucher & Schumacher (Hgg.), 83–107.

Bucher, Hans-Jürgen & Peter Schumacher (Hgg.) (2011): *Interaktionale
Rezeptionsforschung. Theorie und Methode der Blickaufzeichnung in der
Medienforschung*. Wiesbaden: VS Verlag für Sozialwissenschaften.

Bücker, Jörg, Susanne Günthner & Wolfgang Imo (Hgg.) (2015): *Konstruk-
tionen im Spannungsfeld von sequenziellen Mustern, kommunikativen
Gattungen und Textsorten. Stauffenburg Linguistik. Band 77.* Tübingen:
Stauffenburg.

Cao, Nan & Weiwei Cui (2016): *Introduction to Text Visualization. Atlantis
Briefs in Artificial Intelligence. Band 1.* Paris: Atlantis Press.

Carstensen, Kai-Uwe (2017): *Sprachtechnologie. Ein Überblick.* Version 2.1,
http://www.kai-uwe-carstensen.de/Publikationen/Sprachtechnologie.
pdf.

Carstensen, Kai-Uwe, Christian Ebert, Cornelia Ebert, Susanne Jekat,
Ralf Klabunde & Hagen Langer (Hgg.) (2010): *Computerlinguistik und
Sprachtechnologie. Eine Einführung.* Heidelberg: Spektrum Akademischer
Verlag, 3. Auflage.

Čech, Radek, Ján Mačutek & Haitao Liu (2016): »Synactic Complex
Networks and Their Applications«. In: Mehler et al. (Hgg.),
167–186.

Chen, Xinying & Haitao Liu (2016): »Function Nodes in Chinse Syntactic
Networks«. In: Mehler et al. (Hgg.), 187–201.

Chomsky, Noam (1957): *Syntactic Structure.* Den Haag, Paris: Mouton.

Chomsky, Noam (1965): *Aspects of the Theory of Syntax.* Cambridge, MA:
MIT Press.

Chomsky, Noam (1973): *Aspekte der Syntax-Theorie. Suhrkamp Taschenbuch
Wissenschaft. Band 42.* Frankfurt am Main: Suhrkamp.

Coy, Wolfgang (1995): »Automat – Werkzeug – Medium«. In: *Informatik
Spektrum* 18 (1), 31–38.

Dammer, Raphael (2006): »Sprache im Korsett: Die antike Grammatik«.
In: Glei (Hg.), 173–193.

Deppermann, Arnulf (2015): »Pragmatik revisited«. In: Eichinger (Hg.), 323–352.

Deutsche Akademie für Sprache und Dichtung & Union der deutschen Akademien der Wissenschaften (Hgg.) (2013): *Reichtum und Armut der deutschen Sprache. Erster Bericht zur Lage der deutschen Sprache.* Berlin, Boston: de Gruyter.

Deutsche Akademie für Sprache und Dichtung & Union der deutschen Akademien der Wissenschaften (Hgg.) (2017): *Vielfalt und Einheit der deutschen Sprache. Zweiter Bericht zur Lage der deutschen Sprache.* Tübingen: Stauffenburg.

Deyne, Simon de, Steven Verheyen & Gert Storms (2016): »Structure and Organization of the Mental Lexicon: A Network Approach Derived from Syntactics Dependency Relations and Word Associations«. In: Mehler et al. (Hgg.), 47–79.

Diewald, Gabriele (1997): *Grammatikalisierung. Eine Einführung in Sein und Werden grammatischer Formen. Germanistische Arbeitshefte. Band 36.* Tübingen: Niemeyer.

Durrell, Martin, Astrid Ensslin & Paul Bennett (2007): »The GerManC project«. In: *Sprache und Datenverarbeitung 31*, 71–80.

Dürscheid, Christa & Karina Frick (2016): *Schreiben digital. Wie das Internet unsere Alltagskommunikation verändert.* Stuttgart: Kröner.

Dürscheid, Christa & Jürgen Spitzmüller (2012): *Einführung in die Schriftlinguistik. UTB. Band 3740.* Göttingen: Vandenhoeck & Ruprecht, 4., überarb. und aktualisierte Auflage.

Effe, Bernd (2006): »Die Konstituierung der Rhetorik in der Antike: Propaganda – Widerstände – Selbstrechtfertigung«. In: Glei (Hg.), 217–236.

Eichinger, Ludwig M. (Hg.) (2015): *Sprachwissenschaft im Fokus. Jahrbuch des Instituts für Deutsche Sprache, 2014.* Berlin, Boston: de Gruyter.

Eisenberg, Peter (2013): »Anglizismen im Deutschen«. In: Deutsche Akademie für Sprache und Dichtung & Union der deutschen Akademien der Wissenschaften (Hgg.), 57–119.

Engelberg, Stefan (2015): »Quantitative Verteilungen im Wortschatz. Zu lexikologischen und lexikografischen Aspekten eines dynamischen Lexikons«. In: Eichinger (Hg.), 205–230.

Engelberg, Stefan, Henning Lobin, Kathrin Steyer & Sascha Wolfer
(Hgg.) (2018): *Wortschätze. Dynamik, Muster, Komplexität. Jahrbuch
des Instituts für Deutsche Sprache. Band 2017.* Berlin, Boston: de Gruyter.

Entrup, Bastian (2017): *On link predictions in complex networks with an
application to ontologies and semantics.* Phil. Diss. Universität Gießen.
Gießen: Justus-Liebig-Universität Gießen.

Fefermann, Anita & Solomon Fefermann (2004): *Alfred Tarski: A Life.*
Cambridge, MA: Cambridge University Press.

Feilke, Helmuth (2012): »Schulsprache – Wie Schule Sprache macht«.
In: *Kommunikation und Öffentlichkeit. Sprachwissenschaftliche Potenziale
zwischen Empirie und Norm. Reihe Germanistische Linguistik. Band 296,*
Susanne Günthner, Wolfgang Imo & Dorothee Meer (Hgg.), 149–175.
Berlin, Boston: de Gruyter.

Ferster, Bill (2013): *Interactive visualization. Insight through inquiry.*
Cambridge, MA: MIT Press.

Fix, Ulla, Andreas Gardt & Joachim Knape (Hgg.) (2008): *Rhetorik und
Stilistik. Ein Handbuch historischer und systematischer Forschung. Handbücher
zur Sprach- und Kommunikationswissenschaft. Band 31,1.* Berlin, New York:
de Gruyter.

Floridi, Luciano (2015): *Die 4. Revolution. Wie die Infosphäre unser Leben
verändert.* Berlin: Suhrkamp.

Frank-Job, Barbara, Alexander Mehler & Tilmann Sutter (Hgg.) (2013):
*Die Dynamik sozialer und sprachlicher Netzwerke. Konzepte, Methoden
und empirische Untersuchungen an Beispielen des WWW.* Wiesbaden:
Springer VS.

Friederici, Angela (2017): *Language in Our Brain. The Origins of a Uniquely
Human Capacity.* Cambridge, MA: MIT Press.

Fritz, Gerd (2017): *Dynamische Texttheorie. Linguistische Untersuchungen.
Band 5.* Gießen: Justus-Liebig-Universität Gießen, 2. Auflage.

Fritz, Gerd & Franz Hundsnurscher (1994): *Handbuch der Dialoganalyse.*
Tübingen: Max Niemeyer.

Fuhse, Jan A. (2018): *Soziale Netzwerke. Konzepte und Forschungsmethoden.
UTB. Band 4563.* Konstanz: UVK Verlagsgesellschaft, 2., überarbeitete
Auflage.

Gardt, Andreas (1999): *Geschichte der Sprachwissenschaft in Deutschland. Vom Mittelalter bis ins 20. Jahrhundert*. Berlin, New York: de Gruyter.

Gatto, Maristella (2014): *Web as Corpus. Theory and Practice. Corpus and discourse*. London: Bloomsbury Academic.

Geiger, Rolf (2002): »dialegesthai«. In: *Wörterbuch der antiken Philosophie. Beck'sche Reihe. Band 1483*, Christoph Horn & Christof Rapp (Hgg.), 103. München: Beck.

Geyken, Alexander, Susanne Haaf, Bryan Jurish, Matthias Schulz, Jakob Steinmann, Christian Thomas & Frank Wiegand (2011): »Das Deutsche Textarchiv: Vom historischen Korpus zum aktiven Archiv«. In: *Digitale Wissenschaft. Stand und Entwicklung digital vernetzter Forschung in Deutschland*, Silke Schomburg, Claus Leggewie, Henning Lobin & Cornelius Puschmann (Hgg.), 157–161. Köln: hbz, 2., ergänzte Fassung.

Glei, Reinhold (Hg.) (2006): *Die Sieben Freien Künste in Antike und Gegenwart. Bochumer Altertumswissenschaftliches Colloquium. Band 72*. Trier: WVT Wissenschaftlicher Verlag.

Gong, Tao (2016): »Simulating the Effects of Cross-Generational Cultural Transmission on Language Change«. In: Mehler et al. (Hgg.), 237–256.

Gredel, Eva (2017): »Digital discourse analysis and Wikipedia: Bridging the gap between Foucauldian discourse analysis and digital conversation analysis«. In: *Journal of Pragmatics* 115, 99–114.

Gredel, Eva (2018): »Digital Methods zur Analyse digitaler Diskurse am Beispiel der Wikipedia«. In: *Zeitschrift für digitale Geisteswissenschaft* 2018 (1).

Gredel, Eva, Laura Herzberg & Angelika Storrer (Hgg.) (2017): *Linguistische Wikipedistik*. Mannheim: Lehrstuhl Germanistische Linguistik. http://germanistik.uni-mannheim.de/Germanistische%20 Linguistik/Projekte%20und%20Aktivit%C3%A4ten/Workshop%20 %22Linguistische%20Wikipedistik%22

Günther, Hartmut & Otto Ludwig (Hgg.) (1994): *Schrift und Schriftlichkeit / Writing and its use. Ein interdisziplinäres Handbuch internationaler Forschung. Handbücher zur Sprach- und Kommunikationswissenschaft. Band 10.1*. Berlin, New York: de Gruyter.

Harris, Roy (1994): »Semiotic Aspects of Writing«. In: Günther & Ludwig (Hgg.), 41–48.

Heilmann, Till A. (2010): *Textverarbeitung. Eine Mediengeschichte des Computers als Schreibmaschine.* Bielefeld: Transcript.

Helbig, Gerhard (1989): *Geschichte der neueren Sprachwissenschaft. WV-Studium. Band 48.* Opladen: Westdeutscher Verlag, 8. Auflage.

Heringer, Hans Jürgen & Rainer Wimmer (2015): *Sprachkritik.* UTB 4309. Paderborn: Fink.

Herzberg, Laura (2017): »Konflikt und Höflichkeit auf Wikipedia-Diskussionsseiten«. In: Gredel, Herzberg & Storrer (Hgg.).

Hiipala, Tuomo (2016): *The Structure of Multimodal Documents. An Empirical Approach. Routledge Studies in Multimodality. Band 13.* New York: Routledge.

Hiltscher, Reinhard (2008): *Gottesbeweise.* Darmstadt: Wissenschaftliche Buchgesellschaft.

Hutchins, John (1997): »From first conception to first demonstration: the nascent years of machine translation, 1947–1954. A chronology«. In: *Machine Translation* 12 (3), 195–252.

Ibbotson, Paul & Michael Tomasello (2017): »Ein neues Bild der Sprache«. In: *Spektrum der Wissenschaft* 2017 (3), 12–17.

Illich, Ivan (1991): *Im Weinberg des Textes. Als das Schriftbild der Moderne entstand: ein Kommentar zu Hugos Didascalicon.* Frankfurt am Main: Luchterhand.

Jankowska, Magdalena, Vlado Keselj & Evangelos Milios (2012): »Relative N-gram signatures: Document visualization at the level of character N-grams«. *2012 IEEE Conference on Visual Analytics Science and Technology (VAST),* 103–112.

Jochum, Uwe (2015): *Bücher. Vom Papyrus zum E-Book.* Darmstadt: Philipp von Zabern.

Jungen, Oliver & Horst Lohnstein (2007): *Geschichte der Grammatiktheorie. Von Dionysios Thrax bis Noam Chomsky.* Paderborn: Fink.

Keim, Daniel A., Florian Mansmann, Andreas Stoffel & Hartmut Ziegler (2008): *Visual Analytics.* http://nbn-resolving.de/urn:nbn:de:bsz:352-opus-68335 (2. 8. 2017).

Kiss, Tibor (2006): »Abseits von Welt und Sprache – die moderne Linguistik«. In: Glei (Hg.), 193–215.

Klein, Wolfgang (2013): »Von Reichtum und Armut des deutschen

Wortschatzes«. In: Deutsche Akademie für Sprache und Dichtung &
Union der deutschen Akademien der Wissenschaften (Hgg.), 15–55.

Kleinke, Sonja (2017): »Ist ›Nation‹ gleich ›nation‹? Wikipedia-Artikel
im Sprach- und Kulturvergleich«. In: Gredel, Herzberg & Storrer
(Hgg.).

Knape, Joachim (2008): »Rhetorik und Stilistik des Mittelalters«.
In: Fix, Gardt & Knape (Hgg.), 55–73.

Koplenig, Alexander (2017): »The impact of lacking metadata for the
measurement of cultural and linguistic change using the Google
Ngram data sets – Reconstructing the composition of the German
corpus in times of WWII«. In: *Digital Scholarship in the Humanities* 32 (1),
169–188.

Kress, Gunther & Theo van Leeuwen (1996): *Reading Images. The grammar
of visual design.* London et al.: Routledge.

Kress, Gunther & Theo van Leeuwen (2001): *Multimodal discourse.
The modes and media of contemporary communication.* London: Arnold.

Lobin, Henning (2009): *Inszeniertes Reden auf der Medienbühne. Zur Linguistik
und Rhetorik der wissenschaftlichen Präsentation. Interaktiva. Band 8.* Frankfurt am Main, New York: Campus.

Lobin, Henning (2010): *Computerlinguistik und Texttechnologie. LIBAC.
Band 3282.* München: Fink.

Lobin, Henning (2014): *Engelbarts Traum. Wie der Computer uns Lesen und
Schreiben abnimmt.* Frankfurt am Main, New York: Campus.

Lobin, Henning (2017): »Aktuelle und künftige technische Rahmenbedingungen digitaler Medien für die Wissenschaftskommunikation«.
In: Weingart et al. (Hgg.), 223–258.

Lobin, Henning, Andreas Witt & Roman Schneider (Hgg.) (2018): *Digitale
Infrastrukturen für die germanistische Forschung. Germanistische Linguistik
um 2020. Band 6.* Berlin, Boston: de Gruyter.

Lüdeling, Anke & Merja Kytö (2008): »Introduction«. In: *Corpus Linguistics.
An International Handbook. Handbücher zur Sprach- und Kommunikations-
wissenschaft.* Band 29.1, Anke Lüdeling & Merja Kytö (Hgg.), v–vii. Berlin,
New York: de Gruyter.

MacDowell, Douglas M. (1986): *The Law in Classical Athens.* Ithaca, N. Y.:
Cornell University Press.

Maity, Suman K. & Animesh Mukherjee (2016): »Emergence of Dominant Opinions in Presence of Rigid Individuals«. In: Mehler et al. (Hgg.), 279–295.

Mehler, Alexander, Rüdiger Gleim, Wahed Hemati & Tolga Uslu (2018): »Skalenfreie online-soziale Lexika am Beispiel von Wiktionary«. In: Engelberg et al. (Hgg.), 269–292.

Mehler, Alexander, Andy Lücking, Sven Banisch, Philippe Blanchard & Barbara Frank-Job (Hgg.) (2016): *Towards a Theoretical Framework for Analyzing Complex Linguistic Networks.* Heidelberg, New York, Dordrecht, London, Berlin: Springer.

Mitchell, William J. Thomas (1995): *Picture theory: essays on verbal and visual representation.* Chicago: University of Chicago Press.

Montague, Richard (1970): »Universal Grammar«. In: *Theoria* 36, 373–398.

Montague, Richard (1974 a): »English as a Formal Language«. In: Thomason (Hg.), 188–221.

Montague, Richard (1974 b): »The Proper Treatment of Quantification in Ordinary Language«. In: Thomason (Hg.), 247–270.

Muckenhaupt, Manfred (1986): *Text und Bild. Grundfragen der Beschreibung von Text-Bild-Kommunikationen aus sprachwissenschaftlicher Sicht.* Tübingen: Narr.

Niemann, Philipp & Martin Krieg (2011): »Bullet Points, Bilder & Co: Zur Rezeption wissenschaftlicher Präsentationen mit PowerPoint«. In: Bucher & Schumacher (Hgg.), 325–361.

Pape, Helmut (1998): »Peirce and his Followers«. In: Posner, Robering & Sebeok (Hgg.), 2016–2040.

Perkuhn, Rainer, Holger Keibel & Marc Kupietz (2012): *Korpuslinguistik.* UTB. Band 3433. Paderborn: Fink.

Plewnia, Albrecht & Andreas Witt (Hgg.) (2014): *Sprachverfall? Dynamik, Wandel, Variation. Jahrbuch des Instituts für Deutsche Sprache. Band 2013.* Berlin, Boston: de Gruyter.

Porter, Stanley E. (2008): »Applied rhetoric and stylistics in ancient Greece«. In: Fix, Gardt & Knape (Hgg.), 284–307.

Posner, Roland, Klaus Robering & Thomas A. Sebeok (Hgg.) (1998): *Semiotik. Ein Handbuch zu den zeichentheoretischen Grundlagen von Natur* und Kultur. *Handbücher zur Sprach- und Kommunikationswissenschaft. Band 13.2.* Berlin, New York: de Gruyter.

Priego, Ernesto (2011): *Father Roberto Busa: one academic's impact on HE and my career.* https://www.theguardian.com/higher-education-network/blog/2011/aug/12/father-roberto-busa-academic-impact (8. 8. 2016).

Riecke, Jörg (2016): *Geschichte der deutschen Sprache. Eine Einführung.* Stuttgart: Reclam.

Robins, Robert H. (1990): *A short history of linguistics.* London, New York: Longman, 3. Auflage.

Rudder, Christian (2016): *Inside Big Data. Unsere Daten zeigen, wer wir wirklich sind.* München: Hanser.

Rüegg, Walter (Hg.) (1993): *Geschichte der Universität in Europa, Band 1 – Mittelalter.* München: Beck.

Saussure, Ferdinand de (1931): *Grundfragen der allgemeinen Sprachwissenschaft. Herausgegeben von Charles Bally und Albert Sechehaye unter Mitwirkung von Albert Riedlinger, übersetzt von Herman Lommel.* Berlin: de Gruyter, 2. Auflage 1967.

Saussure, Ferdinand de (2013): *Cours de linguistique générale. Zweisprachige Ausgabe französisch-deutsch mit Einleitung, Anmerkungen und Kommentar.* Tübingen: Narr.

Scheff, Thomas J. (1994): *Microsociology. Discourse, emotion, and social structure.* Chicago: University of Chicago Press.

Schirren, Thomas (2008): »Rhetorik und Stilistik der griechischen Antike«. In: Fix, Gardt & Knape (Hgg.), 1–25.

Schmidt, Jürgen E. (2014): »Sprachliche Identität und die Dynamik der deutschen Regionalsprachen«. In: Plewnia & Witt (Hgg.), 149–169.

Schmitz, Ulrich (2011): »Sehflächenforschung. Eine Einführung«. In: *Bildlinguistik. Theorien – Methoden – Fallbeispiele,* Hajo Diekmannshenke, Michael Klemm & Hartmut Stöckl (Hgg.), 23–42. Berlin: Erich Schmidt.

Schmitz, Ulrich (2015): *Einführung in die Medienlinguistik.* Darmstadt: Wissenschaftliche Buchgesellschaft.

Schneider, Ulrich J. (Hg.) (2016): *Textkünste. Buchrevolution um 1500. Schriften aus der Universitätsbibliothek Leipzig. Band 37.* Darmstadt: Philipp von Zabern.

Schumacher, Peter (2011): »Blickaufzeichnung in der Rezeptionsforschung: Befunde, Probleme und Perspektiven«. In: Bucher &
Schumacher (Hgg.), 111–134.

Stefanowitsch, Anatol (2018): *Eine Frage der Moral. Warum wir politisch
korrekte Sprache brauchen.* Berlin: Dudenverlag.

Stefanowitsch, Anatol & Stefan T. Gries (2003): »Collostructions:
investigating the interaction between words and constructions«.
In: *International Journal of Corpus Linguistics* 8 (2), 209–243.

Stegmüller, Wolfgang (1978): *Hauptströmungen der Gegenwartsphilosophie. Eine kritische Einführung, Band II. Kröners Taschenausgabe. Band 309.*
Stuttgart: Kröner, 6. Auflage.

Steyer, Katrin (2013): *Usuelle Wortverbindungen. Zentrale Muster des Sprachgebrauchs aus korpusanalytischer Sicht. Studien zur deutschen Sprache.
Band 65.* Tübingen: Narr.

Storrer, Angelika (2013): »Sprachstil und Sprachvariation in sozialen
Netzwerken«. In: Frank-Job, Mehler & Sutter (Hgg.), 331–366.

Storrer, Angelika (2017): »Internetbasierte Kommunikation«. In: Deutsche Akademie für Sprache und Dichtung & Union der deutschen
Akademien der Wissenschaften (Hgg.), 247–281.

Thomason, Richmond (Hg.) (1974): *Formal Philosophy. Selected Papers by
Richard Montague.* New Haven: Yale University Press.

Thorley, John (2007): *Athenian democracy.* London, New York: Routledge,
2. Auflage.

Tümmers, Horst-Johs (1968): *Rheinromantik. Romantik und Reisen am Rhein.*
Köln: Greven.

Ueding, Gert & Bernd Steinbrink (1994): *Grundriß der Rhetorik: Geschichte,
Technik, Methode.* Stuttgart et al.: Metzler, 3., überarb. und erw.
Auflage.

Vitevitch, Michael S., Rutherford Goldstein & Elizabeth Johnson (2016):
»Path-Length and the Misperception of Speech: Insights from
Network Science and Psycholinguistics«. In: Mehler et al. (Hgg.),
29–45.

Wang, Kai (2018): *Untersuchungen zur Methodik und Effizienz Tastatur-basier-
ter Eingabeverfahren für unterschiedliche Schriftsysteme der Welt.* Disserta-
tion, Justus-Liebig-Universität.

Wegera, Klaus-Peter & Sandra Waldenberger (2007): *Die Entstehung der neuhochdeutschen Schriftsprache. Dokumentation germanistischer Forschung. Band 7.* Frankfurt am Main: Lang, 2., erw. Auflage.

Wehde, Susanne (2000): *Typographische Kultur. Eine zeichentheoretische und kulturgeschichtliche Studie zur Typographie und ihrer Entwicklung.* Tübingen: Niemeyer.

Weizenbaum, Joseph (1966): »ELIZA – a computer program for the study of natural language communication between man and machine«. In: *Communications of the ACM* 9 (1), 36–45.

Wiese, Heike (2012): *Kiezdeutsch. Ein neuer Dialekt entsteht. Beck'sche Reihe. Band 6034.* München: Beck.

Winograd, Terry (1971): *Procedures as a Representation for Data in a Computer Program for Understanding Natural Language. MIT AI Technical Report.* Cambridge, MA.

Wirth, Uwe & Kai Bremer (Hgg.) (2010): *Texte zur modernen Philologie. Reclams Universal-Bibliothek. Band 18724.* Stuttgart: Reclam.

Wunderli, Peter (2013): *Cours de linguistique générale. Zweisprachige Ausgabe französisch-deutsch mit Einleitung, Anmerkungen und Kommentar.* Tübingen: Narr.

Wunderli, Peter (2013a): »Biographische Skizze«. In: Wunderli (Hg.), 11–26.

Wunderli, Peter (2013b): »Der CLG und seine Quellen«. In: Wunderli (Hg.), 26–37.

Wunderli, Peter (2013c): »Zur Rezeption des CLG«. In: Wunderli (Hg.), 37–42.

Ziem, Alexander & Alexander Lasch (2013): *Konstruktionsgrammatik. Konzepte und Grundlagen gebrauchsbasierter Ansätze. Germanistische Arbeitshefte. Band 44.* Berlin, Boston: de Gruyter.

Zweig, Katharina A. (2016): »Are Word-Adjacency Networks Networks?« In: Mehler et al. (Hgg.), 153–163.

Anmerkungen

1 Auch Paul Ibbotson und Michael Tomasello sprechen in einem Beitrag in Spektrum der Wissenschaft von einem »neuen Bild der Sprache«. Sie heben dabei vor allem die gebrauchsbasierte Perspektive hervor. Diese wird im vorliegenden Buch unter dem Begriff der Sammlung erfasst (vgl. Ibbotson & Tomasello 2017).

2 Luciano Floridi spricht in diesem Zusammenhang von einer »vierten Revolution«, der Verdrängung des Menschen von seiner bislang allein eingenommenen Position, über sprachlich-intellektuelle Fähigkeiten zu verfügen, vgl. Floridi (2015).

3 S. https://www.dwds.de/wp/Sprache.

4 Zu den Institutionen im antiken Athen und ihrer Funktionsweise vgl. Bleicken (1995) und Thorley (2007).

5 Zu den Herausforderungen in der athenischen Gerichtsverhandlung vgl. Ueding & Steinbrink (1994: 11–12) und MacDowell (1986).

6 Vgl. dazu Schirren (2008: 4).

7 Vgl. Porter (2008); zum Folgenden vgl. Ueding & Steinbrink (1994: 12–16).

8 »Logograph«, vgl. Ueding & Steinbrink (1994: 12).

9 Zu diesem und zum nächsten Punkt vgl. Schirren (2008).

10 Vgl. dazu auch Effe (2006).

11 Schirren (2008: 9).

12 Vgl. Ueding & Steinbrink (1994: 30–36).

13 Vgl. Porter (2008) und Andersen (2008).

14 Vgl. dazu und zum Folgenden Ueding & Steinbrink (1994: 21–26).

15 Ueding & Steinbrink (1994: 23).

16 Vgl. Geiger (2002).

17 Zur griechischen und römischen Grammatiktheorie vgl. Jungen &
Lohnstein (2007).

18 Vgl. Arens (2000).

19 Vgl. Dammer (2006: 175).

20 Vgl. Robins (1990: 11–74).

21 Robins (1990: 65).

22 Verschiedene Beispiele, wie dies praktisch aussah, sind in Dammer
(2006) enthalten.

23 Robert Harris zeigt mit literarischen Mitteln in seinen drei Cicero-
Romanen »Imperium«, »Titan« und »Dictator« an vielen Stellen sehr
eingängig, wie die rhetorische Praxis im antiken Rom der späten
Republik ausgesehen haben könnte.

24 Zu den Sieben Freien Künsten insgesamt vgl. Rüegg (1993: 279–320)
und Glei (2006).

25 Vgl. Rüegg (1993: 279–302).

26 Vgl. Rüegg (1993: 279 f.).

27 Vgl. Ueding & Steinbrink (1994: 56–61).

28 Zu Poetik und Predigtlehre vgl. Ueding & Steinbrink (1994:
66–73).

29 Vgl. Ueding & Steinbrink (1994: 63–66). Knape (2008) fasst diese
Entwicklung zusammen und verweist auf weitere Ausprägungen
der Rhetorik im Mittelalter.

30 Knape (2008) weist darauf hin, dass es sich dabei um hochforma-
lisierte Kommunikationsprozesse handelte.

31 Vgl. Rüegg (1993: 283–284).

32 So auch der Titel von Kapitel 1.2 in Gardt (1999: 25–44). Vgl. ebd.
zur modistischen Grammatik.

33 Vgl. dazu Ueding & Steinbrink (1994: 56–61) und Rüegg (1993:
279–280).

34 Vgl. Rüegg (1993: 284–289).

35 Vgl. z. B. Hiltscher (2008).

36 Vgl. Dammer (2006: 179–180).

37 Zu den folgenden Bemerkungen vgl. z. B. Robins (1990: 106–147),
Gardt (1999: 45–229) und das Handbuch Auroux et al. (2000).

38 Diese Deutung geht ursprünglich auf Besch (1967) zurück. Einen Überblick über neuere Forschungen zu dieser Frage geben Wegera & Waldenberger (2007) und Riecke (2016: 108–128).

39 Zu dieser Entwicklung vgl. Jochum (2015).

40 So der Titel eines Aufsatzes zur modernen Linguistik von Tibor Kiss, vgl. Kiss (2006).

41 Die die Rezeption im deutschsprachigen Raum bestimmende Ausgabe ist Saussure (1931), eine neue – und genauere – Übersetzung bietet Peter Wunderli mit Saussure (2013).

42 Vgl. dazu Wunderli (2013 b), eine kurze Biografie Ferdinand des Saussures enthält Wunderli (2013 a).

43 Vgl. Wunderli (2013 c).

44 Zur Entwicklung der modernen Linguistik seit Saussure vgl. Helbig (1989).

45 Chomsky (1957).

46 Chomsky (1965).

47 Zur Deutung der ersten und der zweiten Phase von Chomskys Grammatiktheorie insbesondere im Kontext der strukturalistischen Entwicklung vgl. das 9. Kapitel in Helbig (1989).

48 Chomsky (1973: 14–15).

49 Montague (1970: 373), eigene Übersetzung.

50 Montague (1974 a), zuerst erschienen 1970, und Montague (1974 b), zuerst erschienen 1973.

51 Stegmüller (1978: 37).

52 Stegmüller (1978: 35).

53 Stegmüller (1978: 64).

54 Vgl. Fefermann & Fefermann (2004: 332–333).

55 Chomsky (1973: 13).

56 Franz Bopp: *Über das Conjugationssystem der Sanskritsprache in Verglei-chung mit jenem der griechischen, lateinischen, persischen und germanischen Sprache*, 1816, vgl. Gardt (1999: 273–274).

57 Jacob Grimm: Deutsche Grammatik, 1819–1837, vgl. Gardt (1999: 275–278), Zitat s. S. 275.

58 Zu den Junggrammatikern und ihren Kritikern vgl. Gardt (1999: 278–288) und Robins (1990: 201–211).

59 Vgl. Helbig (1989: 172–187).

60 Vgl. Gardt (1999: 260–267).

61 Einen Überblick über die Entwicklung der Philologie geben Wirth & Bremer (2010).

62 Vgl. Pape (1998).

63 Insbesondere mit dem *Tractatus logico-philosophicus* von 1921.

64 Dokumentiert vor allem in den *Philosophischen Untersuchungen*, posthum erschienen 1953, darüber hinaus in diversen weiteren Notizen und Skizzen, die den größten Teil von Wittgensteins Werkausgabe bilden.

65 Zur Frühgeschichte der Textverarbeitung mit dem Computer vgl. Heilmann (2010) und Lobin (2014: 77–97).

66 Zum folgenden in diesem Absatz vgl. Heilmann (2010: 59–101).

67 Vgl. Hutchins (1997).

68 Vgl. Coy (1995).

69 Zur Computerlinguistik systematisch und historisch vgl. Lobin (2010) und Carstensen et al. (2010).

70 Vgl. Winograd (1971).

71 Vgl. Weizenbaum (1966).

72 S. https://kauz.net/.

73 Der Name ist übrigens außerordentlich raffiniert gewählt: Er klingt nicht nur so wie das englische Wort für »Hölle«, sondern er enthält noch einen zweiten Verweis: Verschiebt man jeden der drei Buchstaben um eine Position im Alphabet nach hinten, ergibt sich »IBM«.

74 Vgl. http://www.spiegel.de/netzwelt/web/google-du-plex-auf-der-i-o-gruselig-gute-kuenstliche-intelligenz-a-1206938.html, wo auch akustische Beispiele zu finden sind.

75 Zur Textgenerierung insgesamt vgl. Carstensen et al. (2010: 436–465).

76 Zur den verschiedenen Verfahren der flachen Satzverarbeitung vgl. Carstensen et al. (2010: 264–279).

77 Zu den näheren Umständen dieser berühmten Systemdemonstration vgl. Lobin (2014: 13–17, 248–250).

78 Vgl. Lobin (2014: 134–136).

79 Einen kurzen Überblick zu den verschiedenen Methoden geben
   Carstensen et al. (2010: 576–615) sowie ausführlicher Carstensen
   (2017).
80 Eine Darstellung der Zukunft des hybriden Lesens findet sich
   in Lobin (2014: 159–161), des hybriden Schreibens in Lobin (2014:
   161–164).
81 Vgl. Berners-Lee & Fischetti (1999).
82 Eine Kopie dieser Seite findet sich unter http://www.w3.org/
   History/19921103-hypertext/hypertext/WWW/TheProject.html.
83 Vgl. z. B. Beißwenger et al. (2004) und Beißwenger (2007).
84 S. http://www.corpusthomisticum.org/. Zu Person und wissenschaftlichen Bedeutung von Busa vgl. Priego (2011).
85 Zu frühen Verwendung von Korpora vgl. Lüdeling & Kytö (2008).
86 Vgl. Perkuhn et al. (2012: 45–66).
87 S. http://wortschatz.uni-leipzig.de/.
88 Vgl. http://www1.ids-mannheim.de/kl/projekte/korpora/.
89 Das Konzept der Zeitscheibe wird etwa im Ersten Bericht zur Lage
   der deutschen Sprache angewandt, wo vergleichbar aufgebaute
   Korpora vom Anfang des 20. Jahrhunderts, um 1950 und um 2000
   miteinander verglichen werden. Vgl. Deutsche Akademie für
   Sprache und Dichtung & Union der deutschen Akademien der
   Wissenschaften (2013).
90 S. http://www.deutschestextarchiv.de/, vgl. Geyken et al. (2011).
91 S. http://www.llc.manchester.ac.uk/research/projects/germanc/
   papers/, vgl. Durrell et al. (2007).
92 S. http://www1.ids-mannheim.de/lexik/abgeschlosseneprojekte/
   historischeskorpus/historisches-korpus.html.
93 S. https://gieskane.com/.
94 Vgl. http://agd.ids-mannheim.de/index.shtml.
95 S. http://agd.ids-mannheim.de/folk.shtml.
96 Vgl. z. B. https://www.youtube.com/watch?v=U6X-ZeYC54E für das
   Gespräch zwischen Günther Gaus und Rudi Dutschke am 3. 12. 1967.
   Das Transkript kann derzeit (9. 6. 2017) über die Menüpunkt
   »Mehr« → »Transkript« angezeigt werden.
97 Vgl. Carstensen et al. (2010: 544–552) und Gatto (2014).

98 Vgl. das Referenzkorpus Althochdeutsch, http://www.deutschdia chrondigital.de/home/.

99 Vgl. die Perseus Digital Library, http://www.perseus.tufts.edu/ hopper/.

100 Vgl. https://www.lena.org/.

101 Vgl. Kapitel 3.4.

102 Zur korpuslinguistischen Terminologie und Methodik vgl. z. B. Perkuhn et al. (2012).

103 Perkuhn et al. (2012: 84).

104 Vgl. Engelberg (2015).

105 Die linguistische Deutung von Ngram-Analysen sollte aber mit Vorsicht vorgenommen werden, da sie, wie Koplenig (2017) nachweist, für manche Zeitabschnitte stark verzerrt sind.

106 Vgl. Perkuhn et al. (2012: 80).

107 Vgl. Steyer (2013).

108 Vgl. Perkuhn et al. (2012: 128).

109 Vgl. http://corpora.ids-mannheim.de/ccdb/.

110 Vgl. Perkuhn et al. (2012: 123).

111 Hier und im Folgenden zur Konstruktionsgrammatik vgl. Ziem & Lasch (2013). Die Verbindung zwischen Korpuslinguistik und Konstruktionsgrammatik wurde zuerst von Stefanowitsch & Gries (2003) hergestellt.

112 Vgl. Ziem & Lasch (2013: 19).

113 Vgl. Bücker et al. (2015).

114 Vgl. Ziem & Lasch (2013: 95–102).

115 Ein solches Bild der Sprache wird, ebenfalls unter dem Titel »Ein neues Bild der Sprache«; von Ibbotson & Tomasello (2017) beschrieben.

116 Zu dieser Sichtweise vgl. Ziem & Lasch (2013: 150–152) und insbesondere auch Diewald (1997).

117 Vgl. dazu Bubenhofer (2009).

118 Illich (1991: 111). Die Bemerkungen zu diesem Medienwechsel in diesem Abschnitt basieren generell auf dem Buch von Ivan Illich.

119 Illich (1991: 8).

120 Vgl. Schneider (2016).
121 Vgl. Posner et al. (1998).
122 Vgl. z. B. Muckenhaupt (1986):
123 Als Übersicht vgl. Schmitz (2011).
124 Vgl. Schmitz (2015: 34–41).
125 Vgl. Bucher (2011).
126 Diese Sichtweise wird vor allem von Kress & van Leeuwen (1996) und Kress & van Leeuwen (2001) vertreten.
127 Mitchell, William J. Thomas (1995: 5): »All media are mixed media, and all representations are heterogeneous; there are no ›purely‹ visual or verbal arts.« Ähnlich auch Baldry & Thibault (2006).
128 Vgl. aus semiotischer Sicht dazu Wehde (2000).
129 Vgl. Dürscheid & Spitzmüller (2012), Kap. 6.
130 Ein Modell für die systematische Erfassung all dieser Informationsebenen ist in Bateman (2008) zu finden.
131 Vgl. Deppermann (2015: 327–313).
132 Deppermann (2015: 328).
133 Vgl. Lobin (2009: 35–52), wo die multimodale Einbettung des Kommunikationstyps Präsentation dargestellt wird.
134 Als Überblick vgl. Brinker & Sager (2010).
135 Als Überblick vgl. Scheff (1994).
136 Allgemein zu Typografie vgl. Brekle (1994).
137 Vgl. allgemein dazu Harris (1994) und vor allem das systematisch-historische Standardwerk Wehde (2000).
138 Vgl. dazu grundlegend Wang (2018: Kap. 3). Vgl. dazu auch Dürscheid & Spitzmüller (2012).
139 Vgl. Schumacher (2011) und Bateman (2014: 243–248).
140 Vgl. Schumacher (2011: 119–120).
141 Bucher & Schumacher (2011: 103).
142 Niemann & Krieg (2011).
143 Vgl. Bateman (2014: 248–249).
144 S. https://www.google.de/imghp.
145 Vgl. Hiipala (2016: 88–111).
146 Es handelt sich um das GeM-Modell, das in Bateman (2008) beschrieben wird.

147 Im deutschsprachigen Bereich wird besonders häufig Thomas Schmidts EXMARaLDA-Editor verwenden, s. http://exmaralda.org/de/.

148 Vgl. Keim et al. (2008) und Ferster (2013).

149 Cao & Cui (2016).

150 Vgl. die Informationen von Noah Bubenhofer unter http://www.visual-linguistics.net/author/nbubenhofer/.

151 Vgl. Cao & Cui (2016).

152 Vgl. Jankowska et al. (2012).

153 Cao & Cui (2016: 84–87), Bradley et al. (2016).

154 Vgl. Schmidt (2014).

155 Vgl. https://www.gapminder.org/tag/trendalyzer/.

156 Vgl. http://members.unine.ch/martin.hilpert/motion.html.

157 Vgl. https://clarin-d.de/de/kollokationsanalyse-in-diachroner-perspektive.

158 Vgl. http://www.owid.de/plus/.

159 Vgl. Engelberg (2015).

160 Vgl. z. B. die Tagung zur »Linguistischen Wikipedistik« 2017 an der Universität Mannheim (s. http://bit.ly/2EtV7YG).

161 S. https://wordnet.princeton.edu/.

162 Vgl. Entrup (2017). Beispiele für derartige Kollokationsnetze lassen sich unter http://corpora.uni-leipzig.de abfragen.

163 Vgl. z. B. Zweig (2016), Čech et al. (2016) und Chen & Liu (2016).

164 Vgl. Fritz & Hundsnurscher (1994).

165 Vgl. z. B. Fritz (2017), Kap. 10.

166 Vgl. Beißwenger (2007).

167 Vgl. z. B. zu Twitter und Partnerschaftsnetzwerken Rudder (2016).

168 Vgl. z. B. Brinker & Sager (2010).

169 Vgl. Carstensen (2017: 115–137).

170 Grundlegend zu sozialen Netzwerken im soziologischen Sinne vgl. Fuhse (2018).

171 Vgl. Fuhse (2018).

172 Für Twitter, WhatsApp und andere soziale Medienexistieren zahlreiche Plattformen, in denen solche elementaren quantita-

tiven Auswertungen vorgenommen werden können, etwa
http://whatsanalyzer.informatik.uni-wuerzburg.de/,
https://analytics.twitter.com/ oder http://www.twitonomy.com/
profile.php.

173 Vgl. Deyne et al. (2016).
174 Vgl. Beckage et al. (2016).
175 Vgl. Vitevitch et al. (2016).
176 Vgl. Baxter (2016).
177 Vgl. Maity & Mukherjee (2016).
178 Der genaue Algorithmus, nach dem für ein Mitglied die Nachrichten im News Feed berechnet werden, ist jedoch bislang geheim.
179 Vgl. Gredel (2017). Zur Methodik vgl. Gredel (2018).
180 Vgl. Kleinke (2017).
181 Vgl. Mehler et al. (2018).
182 Vgl. Entrup (2017).
183 Vgl. Albrecht (2013).
184 Vgl. z. B. Storrer (2013) und Storrer (2017).
185 Vgl. Beißwenger (2013).
186 Vgl. Herzberg (2017).
187 Vgl. Lobin (2017: 244–246).
188 Vgl. Gong (2016).
189 Rudder (2016). Die Originalausgabe des Buchs ist bereits zwei Jahre zuvor unter dem Titel *Dataclysm* erschienen.
190 Vgl. Rudder (2016: 75).
191 Vgl. Rudder (2016: 173–192).
192 Vgl. Rudder (2016: 138).
193 Vgl. zu dem Bild des Parks und seiner Kritik auch Heringer & Wimmer (2015: 53–72).
194 »Es reicht nicht, einen Bösendorfer in der Stube stehen zu haben; man muss ihn auch spielen können.« (Klein 2013: 53).
195 Vgl. Wiese (2012).
196 Stefanowitsch (2018).
197 Vgl. Stefanowitsch (2018: 54 f.).
198 Vgl. Klein (2013).

199 Vgl. Eisenberg (2013).

200 Eisenberg (2013: 115).

201 Vgl. Deutsche Akademie für Sprache und Dichtung & Union der deutschen Akademien der Wissenschaften (2017).

202 Helmuth Feilke beschreibt dieses Phänomen sehr eingängig im Titel eines Aufsatzes zu diesem Thema mit der Formulierung: »Wie Schule Sprache macht« (Feilke 2012).

203 Vgl. Storrer (2017).

204 Vgl. beispielsweise Dürscheid & Frick (2016), die in ihrem Buch die spezifischen Merkmale des digitalen Schreibens darstellen.

205 S. www.clarin-d.de, vgl. auch die Beiträge in Lobin et al. (2018).

206 Vgl. Antos (2017).

207 Vgl. Floridi (2015: 68, 72 f.) und Floridi (2015: 31 f.).

208 Vgl. Lobin (2014). In diesem Buch ist dieser Gedanke am Beispiel des Wandels der Schriftkultur ausgeführt.

209 Vgl. Tümmers (1968).

210 Vgl. Blackbourn (2007).

211 Vgl. Riecke (2016: 188–217).

212 Ähnliche Übersichten lassen sich für die anderen sechs Länder, in denen das Deutsche Amtssprache ist, erstellen, insbesondere für Österreich und die Schweiz. Aus Platzgründen wird hier nur die Situation in Deutschland behandelt.

213 S. https://www.cdu.de/system/tdf/media/dokumente/071203-beschluss-grundsatzprogramm-6-navigierbar_1.pdf?file=1&type=field_collection_item&id=1918.

214 S. https://www.gruene.de/fileadmin/user_upload/Dokumente/Grundsatzprogramm-2002.pdf.

215 S. http://www.csu.de/common/download/CSU_Grundsatzprogramm_Parteitag_MUC_2016_ES.pdf.

216 S. https://www.spd.de/fileadmin/Dokumente/Beschluesse/Grundsatzprogramme/hamburger_programm.pdf.

217 S. https://www.fdp.de/sites/default/files/uploads/2016/01/28/karlsruherfreiheitsthesen.pdf.

218 S. https://www.fdp.de/sites/default/files/uploads/2016/01/28/karlsruherfreiheitsthesen.pdf.

219 S. https://www.afd.de/wp-content/uploads/sites/111/2017/01/
     2016-06-27_afd-grundsatzprogramm_web-version.pdf.
220 Ebd. S. 47.
221 Ebd. S. 55.
222 Ebd.
223 Ebd. S. 70.
224 S. https://www.bundestag.de/dokumente/textarchiv/2018/kw09-de-
     deutsch-landessprache/544508.

Ihr Bonus als Käufer dieses Buches

Als Käufer dieses Buches können Sie kostenlos das eBook zum Buch nutzen.
Sie können es dauerhaft in Ihrem persönlichen, digitalen Bücherregal
auf **springer.com** speichern oder auf Ihren PC/Tablet/eReader downloaden.

Gehen Sie bitte wie folgt vor:

1. Gehen Sie zu **springer.com/shop** und suchen Sie das vorliegende Buch
   (am schnellsten über die Eingabe der eISBN).
2. Legen Sie es in den Warenkorb und klicken Sie dann auf:
   zum Einkaufswagen / zur Kasse.
3. Geben Sie den untenstehenden Coupon ein. In der Bestellübersicht wird
   damit das eBook mit 0 Euro ausgewiesen, ist also kostenlos für Sie.
4. Gehen Sie weiter **zur Kasse** und schließen den Vorgang ab.
5. Sie können das eBook nun downloaden und auf einem Gerät Ihrer Wahl lesen.
   Das eBook bleibt dauerhaft in Ihrem digitalen Bücherregal gespeichert.

eBook inside   978-3-476-04696-3
                          pZkRH6fGHFZ5QZ8

eISBN   978-3-476-04696-3
Ihr persönlicher Coupon

Sollte der Coupon fehlen oder nicht funktionieren, senden Sie uns bitte
eine E-Mail mit dem Betreff: **eBook inside** an **customerservice@springer.com**.